REGISTROS IMORTAIS

Chico Xavier

Registros IMORTAIS

Por
Espíritos diversos

Organizado por
Eugênio Eustáquio dos Santos

VINHA
DE LUZ

Belo Horizonte
2013

EDIÇÃO: VINHA DE LUZ - Serviço Editorial
Departamento Editorial da Casa de Chico Xavier de Pedro Leopoldo
Av. Álvares Cabral, 1777 | 20º andar | Sala 2006
Santo Agostinho | 30170-001 | Belo Horizonte | MG
(31) 2531-3200 | 2531-3300 | 3517-1573
www.vinhadeluz.com.br | informacoes@vinhadeluz.com.br
www.casadechicoxavier.com.br | informacoes@casadechicoxavier.com.br

COORDENAÇÃO EDITORIAL
Célia Maria de Oliveira Soares | Geraldo Lemos Neto

CAPA
Thiago Panegassi Lopes de Campos

IMAGENS DA CAPA E SEPARATÓRIAS
Gravador: © Rodney Reis Silva | Arquivo Geraldo Leão | Pedro Leopoldo | Minas Gerais
Microfone: © Zachary Zaletel | Anchorage | Alaska | USA
Livros e lápis: Shutterstock.com

DIGITAÇÃO DAS MENSAGENS
Thaís Lima Mereu

PROJETO GRÁFICO, TRATAMENTO DE IMAGENS
DIAGRAMAÇÃO E REVISÃO TÉCNICO-CIENTÍFICA
Célia Maria de Oliveira Soares

1ª edição - outubro 2013 | 2.000 exemplares

Dados Internacionais de Catalogação na Publicação (CIP)
(Câmara Brasileira do Livro, SP, Brasil)

    Registros imortais / por Espíritos Diversos ;
    [psicofonado por] Francisco Cândido Xavier ;
    organização por Eugênio Eustáquio dos Santos . - -
    1. ed. - - Belo Horizonte : Vinha de Luz , 2013 .

    Bibliografia

    1. Espiritismo 2. Médiuns 3. Mensagens
  4 . Psicografia I. Espíritos Diversos. II. Xavier , Francisco Cândido ,
  1910 - 2002 III. Santos , Eugênio Eustáquio dos.

13-10668   CDD - 133.93

Índices para catálogo sistemático :

1. Mensagens psicografadas : Espiritismo 133.93

DEDICATÓRIA

Este livro é dedicado à mentora do Grupo Meimei, *Irma de Castro Rocha* – Meimei, ou ainda, Blandina –, identificada por André Luiz no livro *Entre a Terra e o Céu* pela inspiração, sensibilização e sustentação da tarefa de evangelização da criança, e a todos que, assim como nós do Lar Espírita Chiquinho Carvalho, fundaram uma instituição de apoio, instrução e amparo à infância e juventude.

Irma de Castro Rocha – Nascida em Mateus Leme, Minas Gerais, em 1 de outubro de 1922, e desencarnada em Belo Horizonte, Minas Gerais, em 22 de outubro de 1946.

AGRADECIMENTOS

Ao Grupo Meimei pela instrução, legado e exemplos de amor aos irmãos desencarnados, especialmente a Francisco Cândido Xavier e aos que, juntamente a ele, sustentaram essa tarefa: Arnaldo Rocha, Francisco Teixeira de Carvalho, Geraldo Benício Rocha e Waldemar Silva. A Cidália Xavier de Carvalho, por nos permitir ingressar no Meimei e depositar toda a sua confiança em nosso grupo, que leva o nome de seu esposo, Chiquinho Carvalho. Aos irmãos do Grupo Espírita Chiquinho Carvalho, pela confiança e aprendizado oferecidos ao longo desse tempo de convivência e amizade, especialmente a Nélia, minha querida irmã, e a Maria Teresa, companheira de todas as horas, que me sustentaram em momentos de grandes dificuldades, e a Henrique Kemper Borges Junior, sócio benemérito do Grupo, pelo seu apoio e orientação tão necessários no início de nossas atividades. Aos companheiros de todas as casas filiadas à Aliança Municipal Espírita, especialmente ao Jhon Harley, um de seus idealizadores, pelos anos de união, fraternidade e compartilhamento da vivência espírita em nossa comunidade. Ao amigo Geraldo Lemos Neto, que com tanto esmero e fidelidade vem divulgando a vida e a obra de Chico Xavier, e por sua participação tão efetiva no movimento espírita nacional e internacional. A Geraldo Leão, pelo esforço em preservar a memória de Pedro Leopoldo, Minas Gerais, e pelo resgate da trajetória de Chico Xavier em sua cidade natal. Aos meus pais, Manoel e Neném, pelos 62 anos de união, amor, exemplos e dedicação à família que tanto amamos. Na pessoa de Adriano, agradeço a todos os amigos que compartilham conosco a alegria de viver.

SUMÁRIO

Registros imortais (1956-1958)

Conjunto de instruções dos benfeitores espirituais,
especialmente dedicadas ao estudo e meditação
dos companheiros integrantes do Grupo Meimei,
em Pedro Leopoldo, Minas Gerais

1956

1957

1958

Arnaldo Rocha

PREFÁCIO
ESPÍRITUAL

Bambino, não pense que não estou feliz por ter encontrado a obra-prima de nossas reuniões. Pelo contrário! Mesmo com o nosso gênio de bravo, devo confessar que a felicidade é grande por ter sido encontrado por você. Vejo em você um trabalhador dedicado e com capacidade para representar toda a nossa equipe de quinta-feira, que agora se reúne noutro plano. Me emociono por tantos reencontros! Tivemos erros e acertos, mas a dedicação a esta casa é muito grande. Tinha que ser mesmo dedicado à oportunidade da descoberta desta joia rara que sempre procurei. Siga as suas intuições, pois você encontrará resposta para tudo. Esta alegria passamos para você e todos que estão colaborando. Estou mais ameno? Não. Sou o mesmo turrão de sempre. Aqui é diferente, estou me adaptando. Que Jesus abençoe, e temos certeza de que a obra muito ajudará a todos no campo mediúnico. Abraço de todos,

Arnaldo Rocha

Mensagem recebida na noite de 24 de agosto de 2013, por Nélia Isabel dos Santos, durante reunião mediúnica no Centro Espírita Meimei, em Pedro Leopoldo | MG, sendo a primeira comunicação recebida nessa casa espírita após 10 meses de desencarnação. Fotografia feita no Meimei, no dia 7 de julho de 2012, pelo jornalista carioca João Marcos Weguelin.

PALAVRAS INICIAIS

O Grupo Meimei foi apresentado por Arnaldo Rocha no livro *Instruções psicofônicas* no ano de 1955, dado o caráter das reuniões e a participação de Chico Xavier e demais médiuns no socorro aos desencarnados por meio de esclarecimento e consolo, visando o benefício das entidades conturbadas e sofredoras, ficando os minutos finais das reuniões dedicados à palavra direta dos instrutores e dos benfeitores espirituais pela psicofonia, apresentando lições edificantes de amigos, relatos comoventes de irmãos recuperados e elucidações de caráter científico, filosófico e religioso. Foi um dos trabalhos mais íntimos em que o querido médium participou numa casa espírita.

Como não poderia deixar de ser, o Grupo Meimei tornou-se uma escola de grandes ensinamentos e reflexões, que estavam ficando somente na memória de seus frequentadores. A necessidade de registrar as reuniões realizadas, sem tirar delas o caráter íntimo, se tornou evidente, o que foi possível por meio do gravador doado pelo professor Carlos Torres Pastorino, do Rio de Janeiro, no qual foram gravadas essas valiosas comunicações. As mensagens eram transcritas por datilografia, pelas mãos de Waldemar Silva, confrade do Grupo Meimei conhecido por Pachequinho, cunhado de Chico Xavier. Sob a orientação de Emmanuel, tais comunicações se transformaram em dois livros: o *Instruções psicofônicas*, editado em 1955, e o *Vozes*

Eugênio Eustáquio dos Santos

do Grande Além, editado em 1957, ambos com a chancela da Federação Espírita Brasileira (FEB).

O Grupo Meimei continua ativo com as bênçãos de Jesus e a presença dos instrutores e benfeitores espirituais. Transformou-se no Centro Espírita Meimei, com a ampliação de suas atividades, mas mantendo o objetivo primeiro da casa, que é o atendimento aos sofredores nas reuniões de desobsessão.

No dia 31 de julho de 2012, o Centro Espírita Meimei completou 60 anos de trabalhos ininterruptos. Para comemorar a data, nós, os atuais trabalhadores da casa, planejamos registrar essa passagem tão significativa em nossa comunidade por meio de reuniões públicas, da arte espírita e ainda do lançamento de um registro histórico: DVD's contendo o áudio de algumas mensagens publicadas nos livros já citados e organizados por Arnaldo Rocha, material inédito com a voz dos espíritos reproduzida pela psicofonia de Chico Xavier, e recuperado pela Versátil Vídeo. Para o grande dia, intencionávamos expor na sede do Meimei o gravador utilizado nas gravações dessas mensagens memoráveis, aparelho que se encontra sob a guarda do memorialista Geraldo Leão, de Pedro Leopoldo, Minas Gerais.

Solicitamos, então, ao referido arquivista o empréstimo do equipamento para exposição no Meimei, o que nos foi terminantemente negado, dado o fato do aparelho ser muito velho, passível de danos durante o transporte até à casa espírita. Contudo, o desejo de levar o gravador até a nossa casa após 60 anos, e reproduzir pela primeira vez para o público algumas dessas mensagens obtidas nas memoráveis reuniões de desobsessão, nas quais Chico trabalhou até sua transferência para Uberaba, persistiu em nossas mentes. Tempos depois decidimos procurar por Geraldo Leão novamente, para sensibilizá-lo da importância do evento e solicitar-lhe, uma vez mais, o empréstimo do famoso gravador. No máximo receberíamos dele um não como resposta e a alcunha de insistentes nessa nova tentativa. Pois bem: qual não foi a nossa surpresa quando ele demonstrou um grande interesse em nos ajudar nas comemorações, com todo e qualquer material de que necessitássemos, autorizando a transferência do aparelho para o Meimei durante todo o mês de julho de 2012, com a condição de ele próprio levar e buscar o equipamento ao final das comemorações! Pode imaginar a nossa alegria? Nesse momento, percebemos que atendíamos a uma indicação da Espiritualidade pelas vias da intuição.

Mas o melhor ainda estava por vir. Disse-nos Geraldo Leão, na oportunidade, que possuía as mensagens originais datilografadas dos livros já publicados, capturadas das fitas. Informei a ele que certamente estaria enganado, pois esse material pertencia à FEB, que os editou. Então ele foi aos seus arquivos, buscou e me entregou uma pasta amarelecida pelo tempo, de um modelo que não se encontra mais. Pude ver um material muito bem conservado, no qual se via o registro das reuniões do Meimei contendo data da reunião, nome dos participantes, a mensagem recebida na noite, o nome do médium e o nome do espírito comunicante. Fiquei surpreso e muito emocionado ao me deparar com aquele material! Acreditei, de imediato, tratar-se de algo inédito. Perguntei ao Sr. Geraldo se poderia analisar o material em minha residência, mais detidamente, pois desejava verificá-lo junto às mensagens já publicadas, no que, gentilmente, ele permitiu.

Procedendo a conferência, pude constatar que as mensagens daquela pasta eram realmente inéditas, pois datavam de 4 de outubro de 1956 a 17 de julho de 1958, sendo a data da última mensagem publicada no livro *Vozes do Grande Além* a do dia 27 de setembro de 1956. Foi um júbilo para mim concluir que as mensagens da pasta que me foi entregue pertenciam às reuniões subsequentes às contidas nos referidos livros já publicados. Comuniquei o achado imediatamente ao amigo Geraldo Lemos Neto e ele, se ligando à nossa emoção, foi portador da seguinte assertiva: "Este é um presente de Chico para o Meimei!".

Na comemoração das bodas de diamante do Meimei, não poderíamos ter recebido joia maior! Curioso é que conversando com a irmã de Chico, Cidália Xavier de Carvalho, frequentadora das inesquecíveis reuniões no Centro Espírita Meimei, junto de seu marido, Chiquinho Carvalho, ela disse algo com o mesmo sentido: "Isso é o Chico se fazendo presente entre nós!".

Em depoimento a Oceano Vieira de Melo, registrado no Meimei para o referido DVD lançado pela Versátil Vídeo, Arnaldo Rocha se refere a essas mensagens que ele nunca mais localizou, exprimindo a esperança de que um dia elas viessem a lume.

Vamos ainda encontrar em *Reformador* uma entrevista do próprio Arnaldo sobre o livro *Instruções psicofônicas*, publicada em setembro de 2011, na qual ele confirma a existência dessas mensagens:

"(...) *Reformador*: Surgiram outros livros?
Arnaldo: Organizamos depois o 'Vozes do Grande Além', lançado em 1957. Houve até um diálogo interessante entre mim e o médium para chegarmos a um ponto comum com relação ao título. Logo depois que Chico se mudou para Uberaba, entreguei a ele parte dos originais para um eventual novo livro, obtido das gravações das psicofonias. A cada visita, lembrávamos a Chico e este sempre respondia: 'É mesmo, precisamos publicá-lo...'. Depois mudei-me para Brasília, passei a visitá-lo esporadicamente, o tempo passou e o terceiro livro não foi publicado (...)" (REFORMADOR, 2011, p. 12).

A proposta desta obra era tão-somente publicar as mensagens encontradas após estes anos todos. Entretanto, como sabemos, o nosso planejamento é sempre ampliado pela Espiritualidade e assim sendo, durante a organização do conteúdo, conseguimos reunir fotografias e documentos importantes relativos ao Centro Espírita Meimei, seus médiuns e visitantes da época, quase todos já desencarnados, pois na atualidade contamos apenas com a presença física de Cidália Xavier de Carvalho, irmã de Chico Xavier, e de Maria Laura Nogueira Lima, amigas do coração.

Podemos ver retratadas nestes registros a amizade entre as pessoas, a realização de seus sonhos, a constituição de suas famílias, a união entre os casais para o trabalho mediúnico – situação cada vez mais rara nos dias de hoje. Acredito, inclusive, que foi com o trabalho no Grupo Meimei que Chico Xavier contou efetivamente com a colaboração de seus familiares.

Em nossa pesquisa, conseguimos também identificar algumas personalidades brasileiras de renome no movimento espírita, católico, evangélico, na área acadêmica, política e militar, dentre outras, trazendo-nos mensagens enriquecedoras.

Dessa forma, caro leitor, além das mensagens de alto valor espiritual para nós todos, resgatamos também um pouco da história do Grupo Meimei para dividir com você este presente que chega às nossas mãos através de Chico Xavier, Arnaldo Rocha, Chiquinho Carvalho, Geraldo Benício Rocha (Major), Pachequinho e demais companheiros que brilham no Além, nos auxiliando a materializar estes *registros imortais*, a contribuir para o nosso entendimento e nossa sensibilização junto à tarefa mediúnica e da caridade.

Eugênio Eustáquio dos Santos

Pedro Leopoldo, 31 de julho de 2013
– Nos 61 anos do Centro Espírita Meimei –

REGISTROS IMORTAIS

Conjunto de instruções dos benfeitores espirituais,
especialmente dedicadas ao estudo e meditação
dos companheiros integrantes do Grupo Meimei,
em Pedro Leopoldo, Minas Gerais.

Meimei

1ª reunião: 4 de outubro de 1956 | **Renovação**
Médium: Geraldo Benício Rocha
Espírito: André
Mensagem: *da sua história de poder até se tornar um trabalhador da casa. Mentor espiritual do médium Geraldo Benício Rocha, em várias oportunidades apresentou orientações para o andamento das atividades da casa.*

2ª reunião: 11 de outubro de 1956 | **Disciplina educativa**
Médium: Geraldo Benício Rocha
Espírito: Raimundo Tavares
Mensagem: *da necessidade dos médiuns pautarem os atos nos padrões evangélicos a benefício do trabalho.*

3ª reunião: 18 de outubro de 1956 | **Em louvor ao Evangelho**
Médium: Geraldo Benício Rocha
Espírito: Antônio João
Mensagem: *da importância do Evangelho para os iniciantes no trabalho e sua necessidade nos lares, oficinas de trabalho e sua sustentação nos dias de tribulação.*

4ª reunião: 25 de outubro de 1956 | **Dolorosa confissão**
Médium: Geraldo Benício Rocha
Espírito: A. J. C. L.
Mensagem: *da submissão ao orgulho e à vaidade, levando a palavra espírita somente à alta sociedade, desviando-se de onde a dor acampava (expositor para a elite).*

5ª reunião: 1 de novembro de 1956 | **No campo do bem**
Médium: Zínia Orsine Pereira
Espírito: Cícero Pereira
Mensagem: *da alegria que o cristão deve ter de poder servir.*

6ª reunião: 8 de novembro de 1956 | **Remorso**
Médium: Zínia Orsine Pereira
Espírito: Carlos
Mensagem: *da justiça dos homens à justiça divina e dos enganos do poder.*

7ª reunião: 15 de novembro de 1956 | **Prece**
Médium: Zínia Orsine Pereira
Espírito: Hélio
Mensagem: *da rogativa à Mãe Santíssima aos ainda ligados aos caminhos do mal.*

8ª reunião: 22 de novembro de 1956 | **Dolorosa advertência**
Médium: Zínia Orsine Pereira
Espírito: Ernestina Vilar
Mensagem: *da traição e da culpa, levando ao suicídio.*

9ª reunião: 29 de novembro de 1956 | **Em rogativa**
Médium: não identificado
Espírito: Fábio Silvano
Mensagem: *do agradecimento às bênçãos do tempo e da luta edificante em busca da felicidade.*

10ª reunião: 6 de dezembro de 1956 | **Rei dos reis**
Médium: Francisco Cândido Xavier
Espírito: Vianna de Carvalho
Mensagem: *da história efêmera dos reis do mundo e da grandeza do reinado do Mestre Jesus.*

11ª reunião: 13 de dezembro de 1956 | **Sacerdote ante a manjedoura**
Médium: Francisco Cândido Xavier
Espírito: Carlôto Távora
Mensagem: *dos enganos dos abusos do poder e das fraquezas humanas diante da recomendação do "Ide e pregai".*

12ª reunião[1]: 10 de janeiro de 1957 | **Convite ao amor**
Médium: Francisco Gonçalves
Espírito: Jerônimo Cardelli
Mensagem: *da emoção no ingresso na equipe espiritual da casa, convidando ao amor e ao trabalho.*

---

[1] Nas semanas do Natal e do Ano Novo, desde a sua fundação, o Grupo Meimei entra em recesso, retomando suas atividades na segunda semana de janeiro.

13ª reunião: 17 de Janeiro de 1957 | **Mensagem fraterna**
Médium: Francisco Gonçalves
Espírito: Jerônimo Cardelli
Mensagem: *da beleza do recinto de orações, exaltando a fidelidade ao trabalho.*

14ª reunião: 24 de janeiro de 1957 | **Bendita seja a prece**
Médium: Francisco Gonçalves
Espírito: Luiz Cândido
Mensagem: *da sua libertação dos restos mortais através da prece.*

15ª reunião: 31 de janeiro de 1957 | **Página de gratidão**
Médium: Francisco Gonçalves
Espírito: Cândido das Neves
Mensagem: *do agradecimento ao benefício recebido na casa de oração, revelando a compreensão e da superação das dificuldades para a ascensão espiritual.*

16ª reunião: 7 de fevereiro de 1957 | **Gratidão**
Médium: Elza Vieira
Espírito: José
Mensagem: *do benefício da misericórdia através da compreensão.*

17ª reunião: 14 de fevereiro de 1957 | **Página fraterna**
Médium: Elza Vieira
Espírito: Meimei
Mensagem: *do exercício com a médium para enriquecer-lhe as possibilidades de intercâmbio.*

18ª reunião: 21 de fevereiro de 1957 | **Oração**
Médium: Elza Vieira
Espírito: Maria Izabel
Mensagem: *do reconhecimento da misericórdia divina e do pedido de novas oportunidades de trabalho.*

19ª reunião: 28 de fevereiro de 1957 | **Palavras de irmão**
Médium: Elza Vieira
Espírito: Eire
Mensagem: *do esclarecimento à equipe sobre as dificuldades da médium na recepção das mensagens, inspirando-lhe a confiança na prática mediúnica.*

20ª reunião[2]: 7 de março de 1957 | **Mediunidade e Espiritismo**
Médium: Francisco Cândido Xavier
Espírito: Barros Fournier
Mensagem: *"É imprescindível acordar os companheiros da mediunidade para a obra do bem incondicional, a fim de que não estejamos imobilizando a ação dos instrutores do Alto, abnegados e vigilantes na renúncia e na caridade, em benefício do mundo."*

21ª reunião: 14 de março de 1957 | **Mediunidade e aperfeiçoamento**
Médium: Francisco Cândido Xavier
Espírito: Barros Fournier
Mensagem: *"(...) que os tarefeiros de intercâmbio se capacitem quanto ao impositivo de nossa própria elevação."*

22ª reunião: 21 de março de 1957 | **Ante a Doutrina Espírita**
Médium: Francisco Cândido Xavier
Espírito: Barros Fournier
Mensagem: *"A nós outros, espíritas (...), cabe uma tarefa gloriosa: a tarefa de manter a pureza e a simplicidade da lição kardequiana, através da edificação da nossa própria consciência para o divino Mestre e Senhor."*

23ª reunião: 28 de março de 1957 | **Na rota de luz**
Médium: Francisco Cândido Xavier
Espírito: Barros Fournier
Mensagem: *"(...) lembremo-nos de que o Espiritismo também é luz do céu para as trevas que ainda assenhoreiam o mundo."*

24ª reunião: 4 de abril de 1957 | **Falando a sacerdotes desencarnados**
Médium: Geraldo Benício Rocha
Espírito: Silvério Gomes Pimenta
Mensagem: *"Irmãos, a interpretação de agora não é espiritista ou esoterista, a interpretação é, simplesmente, cristã."*

---

[2] As comunicações ocorridas no mês de março de 1957 fizeram alusão ao centenário da Doutrina Espírita, traduzindo uma reflexão muito profunda sobre o que é ser espírita. Foram expressas no mês que antecede aos 100 anos do marco inicial do Espiritismo, com o lançamento de O Livro dos Espíritos.

25ª reunião: 11 de abril de 1957 | **Reajuste**
Médium: Geraldo Benício Rocha
Espírito: Manoel da Paz
Mensagem: *do despertar espiritual sob o brilho da comemoração kardequiana.*

26ª reunião[3]: 25 de abril de 1957 | **Falando a companheiras desencarnadas**
Médium: Geraldo Benício Rocha
Espírito: Violeta Odete
Mensagem: *das várias companheiras desencarnadas que, no abatimento da partida, são levadas a buscar no Evangelho o lenitivo para suas almas.*

27ª reunião: 2 de maio de 1957 | **Arrependimento**
Médium: Zínia Orsine Pereira
Espírito: Sílvia
Mensagem: *da necessidade de orientação da família no mundo moderno, do orgulho e da vaidade que a levaram ao suicídio, e da busca de uma nova encarnação.*

28ª reunião: 9 de maio de 1957 | **Página de bom ânimo**
Médium: Zínia Orsine Pereira
Espírito: Salvador de Alencar
Mensagem: *dos irmãos desencarnados presentes à reunião, das leis espirituais e da oportunidade da preparação para provas futuras.*

29ª reunião: 16 de maio de 1957 | **Palavras de gratidão**
Médium: Zínia Orsine Pereira
Espírito: Maria Alves
Mensagem: *de uma jovem desencarnada no parto do primeiro filho, que fica presa à família e é acolhida por Meimei.*

30ª reunião: 23 de maio de 1957 | **Remorso de mulher**
Médium: Zínia Orsine Pereira
Espírito: Maria Anunciação

---

[3] Não há registros da reunião do dia 18 de abril de 1957. É muito provável que Chico Xavier, e demais componentes do Grupo Meimei, tenha participado de outra atividade em comemoração ao centenário da Doutrina Espírita.

Mensagem: *de uma mulher egoísta, dura e indiferente ao sofrimento alheio, encastelada na própria felicidade, que se vê rodeada de sofredores após a morte.*

31ª reunião: 30 de maio de 1957 | **Em louvor à oração**
Médium: Zínia Orsine Pereira
Espírito: Cícero Pereira
Mensagem: *do convite ao esclarecimento, do bálsamo e do alimento para as almas através da fonte luminosa da oração.*

32ª reunião: 6 de junho de 1957 | **Mensagem de irmã**
Médium: Francisco Cândido Xavier
Espírito: Amintas Soares
Mensagem: *da conduta do movimento espírita.*

33ª reunião: 13 de junho de 1957 | **Bendizendo**
Médium: Francisco Gonçalves
Espírito: Jerônimo Cardelli
Mensagem: *das forças espirituais adquiridas.*

34ª reunião: 20 de junho de 1957 | **Amor e oração**
Médium: Francisco Gonçalves
Espírito: Jerônimo Cardelli
Mensagem: *das grandes aflições da vida, cujo aprendizado leva à valorização do amor, e da eficácia da oração sincera.*

35ª reunião: 27 de junho de 1957 | **Paz**
Médium: Francisco Gonçalves
Espírito: Josias Aquiles
Mensagem: *da paz e de seu significado maior para a evolução.*

36ª reunião: 4 de julho de 1957 | **Alma em súplica**
Médium: Elza Vieira
Espírito: Madalena Maria
Mensagem: *das más influências durante a encarnação.*

37ª reunião: 11 de julho de 1957 | **Contra a ignorância**
Médium: Elza Vieira
Espírito: Geraldo

Mensagem: *dos males que a ignorância sobre a imortalidade da alma pode causar ao espírito.*

38ª reunião: 18 de julho de 1957 | **Na luz da prece**
Médium: Elza Vieira
Espírito: Regina
Mensagem: *do fortalecimento para assumir os próprios deveres.*

39ª reunião: 25 de julho de 1957 | **Agradecendo**
Médium: Elza Vieira
Espírito: Altina
Mensagem: *do agradecimento pela acolhida pelo Grupo Meimei.*

40ª reunião: 1 de agosto de 1957 | **Bolo de aniversário**
Médium: Francisco Cândido Xavier
Espírito: José Xavier
Mensagem: *da passagem do quinto aniversário do Grupo em 31/07, portanto, um dia antes da reunião.*

41ª reunião[4]: 8 de agosto de 1957 | **Lembra-te**
Médium: Francisco Cândido Xavier
Espírito: Antônio Americano do Brasil
Mensagem: *das atitudes essenciais enquanto encarnados.*

42ª reunião: 15 de agosto de 1957 | **Tema vivo**
Médium: Francisco Cândido Xavier
Espírito: Efigênio
Mensagem: *do impositivo da verdadeira cooperação dos espíritas para com o Espiritismo.*

43ª reunião: 22 de agosto de 1957 | **Palavra e exemplo**
Médium: Francisco Cândido Xavier
Espírito: André Luiz
Mensagem: *dos efeitos da palavra e do exemplo no campo da influenciação espiritual.*

---

[4] Nessa reunião, Chico recebeu uma carta consoladora de um pai, Sabino, com o título "Mensagem", endereçada à filha e ao genro que se encontravam presentes.

44ª reunião[5]: 29 de agosto de 1957 | Em prece com os sofredores
Médium: Francisco Cândido Xavier
Espírito: Cerinto
Mensagem: *das bem-aventuranças de seu despertar para as verdades espirituais.*

45ª reunião: 5 de setembro de 1957 | Dissertação
Médium: Geraldo Benício Rocha
Espírito: Gustavo Ernesto Coelho
Mensagem: *da sua vivência como clérigo, da certeza da comunicabilidade dos espíritos, da sua chegada ao plano espiritual e de seu trabalho na casa e junto ao catolicismo.*

46ª reunião: 12 de setembro de 1957 | Um adeus agradecido
Médium: Geraldo Benício Rocha
Espírito: Gercina
Mensagem: *da mulher sensual, que depois de quatro anos junto ao Grupo Meimei despede-se para se preparar para uma nova encarnação.*

47ª reunião: 19 de setembro de 1957 | Companheiro de volta
Médium: Geraldo Benício Rocha
Espírito: Gibraltar de Souza
Mensagem: *da despedida para uma nova encarnação.*

48ª reunião: 26 de setembro de 1957 | Reajuste
Médium: Geraldo Benício Rocha
Espírito: Sesósteles de Oliveira Teixeira
Mensagem: *do esquisofrênico-depressivo atendido pelo grupo que retorna para agradecer e falar das novas esperanças.*

49ª reunião: 3 de outubro de 1957 | Ensinamento
Médium: Zínia Orsine Pereira

---

[5] A "Prece de Cerinto", que consta do livro *Vozes do Grande Além*, ficou bastante conhecida por sua beleza, sensibilidade e benevolência para com os erros alheios. Esse espírito foi atendido no Meimei mostrando grande dificuldade de transformação, contudo, quando ela se deu, Arnaldo Rocha registrou a satisfação de receber a referida mensagem: "Cerinto modificou-se e transferiu-se de plano mental, marchando, agora, ao nosso lado, sedento de renovação e luz como nós mesmos. Foi por isso, com imensa alegria, que lhe registramos a comovente rogativa, por ele pronunciada em nossa reunião da noite de 24 de novembro de 1955".

Espírito: José Mendes
Mensagem: *do apego ao dinheiro, das perdas materiais, do sofrimento que ensina e do despertar para a verdadeira vida.*

50ª reunião: 10 de outubro de 1957 | **Amoroso aviso**
Médium: Zínia Orsine Pereira
Espírito: Carlos Dias
Mensagem: *do valor e da importância do corpo físico.*

51ª reunião: 17 de outubro de 1957 | **O amor**
Médium: Francisco Cândido Xavier
Espírito: Irene S. Pinto
Mensagem: *do amor, que é a lei de Deus em toda parte.*

52ª reunião: 24 de outubro de 1957 | **Tema espírita**
Médium: Francisco Cândido Xavier
Espírito: Cícero Pereira
Mensagem: *da Doutrina Espírita, do Evangelho de Jesus interpretado por Kardec e das lições das esferas superiores, convocando a todos para o ideal ajustamento às leis divinas.*

53ª reunião: 31 de outubro de 1957 | **Na trilha do amor**
Médium: Francisco Gonçalves
Espírito: Jerônimo Cardelli
Mensagem: *do sentimento ideal para o auxílio espiritual.*

54ª reunião: 7 de novembro de 1957 | **Em plena nova era**
Médium: Francisco Cândido Xavier
Espírito: Efigênio Salles Vítor
Mensagem: *do progresso científico, do aquecimento global, das viagens interplanetárias e da contribuição do Espiri*tismo na nova era.

55ª reunião: 14 de novembro de 1957 | **Jovem desencarnado**
Médium: Francisco Gonçalves
Espírito: João de Deus
Mensagem: *da instrução na casa espírita como portas abertas ao entendimento.*

56ª reunião: 21 de novembro de 1957 | **Oração**
Médium: Francisco Gonçalves
Espírito: Jerônimo Cardelli

Mensagem: *da busca de afastar as sombras e criar disposição ao aprendizado.*

57ª reunião: 28 de novembro de 1957 | Paz
Médium: Francisco Gonçalves
Espírito: Jerônimo Cardelli
Mensagem: *da construção da paz pela reta conduta.*

58ª reunião: 5 de dezembro de 1957 | Pagamento
Médium: Francisco Cândido Xavier
Espírito: A. P.
Mensagem: *da infelicidade daqueles que trazem o espinho da culpa cravado no coração.*

59ª reunião: 12 de dezembro de 1957 | Em louvor à humildade
Médium: Francisco Cândido Xavier
Espírito: Dario Veloso
Mensagem: *do Natal.*

61ª reunião[6]: 9 de janeiro de 1958 | Um sofredor
Médium: Zínia Orsine Pereira
Espírito: Um irmão sofredor
Mensagem: *da libertação da cegueira, após 69 anos de sofrimento vívido de remorso e de intranquilidade.*

62ª reunião: 16 de janeiro de 1958 | Em louvor à natureza
Médium: Zínia Orsine Pereira
Espírito: Francisco Magalhães
Mensagem: *da humildade diante do Criador.*

63ª reunião: 23 de janeiro de 1958 | Amigo de regresso
Médium: Zínia Orsine Pereira
Espírito: Januário Teixeira
Mensagem: *do amor de Deus, que transforma.*

---

[6] Não há registros da 60ª reunião, no dia 19 de dezembro de 1957, e nem nos dias 26/12 e 02/01, provavelmente em função do recesso de fim de ano.

64ª reunião: 30 de janeiro 1958 | **Penitência**
Médium: Geraldo Benício Rocha
Espírito: Waldemar de Freitas
Mensagem: *do abandono das leis evangélicas e do preparo para a reencarnação.*

65ª reunião: 6 de fevereiro de 1958 | **Sacerdote amigo**
Médium: Geraldo Benício Rocha
Espírito: Não identificado
Mensagem: *do temor da morte, da luz da Doutrina Espírita, do estudo do Evangelho de Jesus.*

66ª reunião: 13 de fevereiro de 1958 | **Recomeço**
Médium: Geraldo Benício Rocha
Espírito: Gregório
Mensagem: *da gratidão e da despedida para nova encarnação.*

67ª reunião: 20 de fevereiro de 1958 | **Esperança, paciência e oração**
Médium: Francisco Cândido Xavier
Espírito: Ozias
Mensagem: *da sustentação ante as forças sombrias.*

68ª reunião: 27 de fevereiro de 1958 | **Preleção educativa**
Médium: Geraldo Benício Rocha
Espírito: Manoel da Silva Pinto
Mensagem: *do reencontro com grandes mestres na Espiritualidade, assinalando sucessivos conhecimentos na vida imortal.*

69ª reunião: 6 de março de 1958 | **Palavras de reconforto**
Médium: Francisco Gonçalves
Espírito: Jerônimo Cardelli
Mensagem: *da alegria do trabalho, da certeza do dever cumprido.*

70ª reunião: 13 de março de 1958 | **Lutar**
Médium: Francisco Gonçalves
Espírito: Jerônimo Cardelli
Mensagem: *da luta interna para corresponder ao amor divino, conhecendo, aprendendo e praticando o Evangelho.*

71ª reunião: 20 de março de 1958 | **Estudemos e trabalhemos**
Médium: Francisco Gonçalves
Espírito: Jerônimo Cardelli
Mensagem: *das reuniões, que são uma escola de luz.*

72ª reunião: 27 de março de 1958 | **Amizade e união**
Médium: Francisco Gonçalves
Espírito: Jerônimo Cardelli
Mensagem: *da união entre os participantes do grupo, da procura de Deus, da luz na jornada.*

73ª reunião: 3 de abril de 1958 | **Irmão que volta**
Médium: Elza Vieira
Espírito: Um irmão
Mensagem: *do agradecimento pela assistência recebida e do incentivo ao grupo para a continuação dos trabalhos.*

74ª reunião: 10 de abril de 1958 | **Visita e prece**
Médium: Elza Vieira
Espírito: Um amigo
Mensagem: *da bênção da prece para o crescimento com Jesus.*

75ª reunião: 17 de abril de 1958 | **Agradecimento**
Médium: Elza Vieira
Espírito: Um amigo
Mensagem: *da gratidão pela ajuda recebida.*

76ª reunião: 24 de abril de 1958 | **Visita de um amigo**
Médium: Elza Vieira
Espírito: Um amigo
Mensagem: *da dificuldade de expressão, do convite para deixar algumas palavras ao grupo.*

77ª reunião: 1 de maio de 1958 | **No templo da prece**
Médium: Gil de Lima
Espírito: Lúcia
Mensagem: *da gratidão pelo trabalho dos mentores espirituais junto à casa de oração, comemorando o dia do trabalho.*

78ª reunião: 8 de maio de 1958 | **Palavras de estímulo**
Médium: Gil de Lima
Espírito: Um irmão
Mensagem: *do trabalho em benefício aos necessitados, da oportunidade de aprender.*

79ª reunião: 15 de maio de 1958 | **Na seara do espírito**
Médium: Gil de Lima
Espírito: Álvaro
Mensagem: *dos obstáculos necessários como estímulos valiosos para a jornada rumo à luz.*

80ª reunião: 22 de maio de 1958 | **Amor**
Médium: Gil de Lima
Espírito: Um irmão
Mensagem: *do amor, do esforço, das virtudes reunidas no coração.*

81ª reunião: 29 de maio de 1958 | **Na seara do bem**
Médium: Gil de Lima
Espírito: Um irmão
Mensagem: *da verdadeira felicidade junto aos irmãos sofredores.*

82ª reunião: 5 de junho de 1958 | **Amizade e lição**
Médium: Geraldo Benício Rocha
Espírito: Afonso de Azevedo
Mensagem: *da boa oratória sem o Evangelho no coração.*

83ª reunião: 12 de junho de 1958 | **Lição**
Médium: Geraldo Benício Rocha
Espírito: A. Amaro
Mensagem: *do coração empedernido no materialismo e da inteligência que faz cair.*

84ª reunião: 19 de junho de 1958 | **Visita edificante**
Médium: Geraldo Benício Rocha
Espírito: Mata Simplício
Mensagem: *do testemunho, das palavras de incentivo após o reequilíbrio no plano espiritual.*

85ª reunião: 26 de junho de 1958 | **Inferninho**
Médium: Francisco Cândido Xavier
Espírito: André Luiz
Mensagem: *da organização da casa espiritual para a garantia da paz interior.*

86ª reunião: 3 de julho de 1958 | **Deveres da caridade**
Médium: Zínia Orsine Pereira
Espírito: Cícero Pereira
Mensagem: *da falibilidade humana e da descaridade, criando empecilhos à evolução espiritual.*

87ª reunião: 10 de julho de 1958 | **Amizade e lição**
Médium: Zínia Orsine Pereira
Espírito: Maria Tereza de Barros
Mensagem: *da pequenez humana diante da lei de causa e efeito, das más escolhas e do sofrimento após o desenlace.*

88ª reunião: 17 de julho de 1958 | **Ser cristão**
Médium: Zínia Orsine Pereira
Espírito: Honório
Mensagem: *da meta de ser cristão.*

Meimei

1956

Chico Xavier

1ª reunião | 4 de outubro de 1956

Presentes: *Arnaldo Rocha, Francisco Teixeira de Carvalho, Elza Vieira, Francisco Gonçalves, Francisco Cândido Xavier, Geni Pena Xavier, Edmundo Fontenele, Geraldo Benício Rocha, Nélio Cerqueira Gonçalves, Edite Malaquias Xavier, Aderbal Nogueira Lima, Laura Lima, Zínia Orsine Pereira e Waldemar Silva.*

Comunicação recebida pelo médium *Geraldo Benício Rocha.*

Renovação

"**L**ouvado seja nosso Senhor Jesus Cristo": foi assim que o negro André começou na seara do bem, louvando ao Santíssimo Nome. Posso hoje expressar-me em linguagem comum, acompanhando-vos o passo nos benefícios da civilização. As graças que o Senhor me concedeu no convívio amoroso daqueles que dirigem os trabalhos de evangelização, de há muito, me burilam a alma, a fim de que eu também alcance as luzes do Evangelho de Jesus, nosso Senhor.

A base da regeneração de minha alma, alma tão negra como a cor que me coloria a epiderme, foi crer que a Imaculada Mãe de Jesus era igualmente minha mãe, mãe de todos os desgraçados, qual sejam os velhos cativos, vendidos nos mercados do mundo como mercadoria de parco valor. E da excelsitude divina, onde seu coração misericordioso ampara todas as criaturas, desceu o orvalho misericordioso para socorrer aquele que se havia perdido nas estradas da vida, nos cipoais da treva, do orgulho, da vaidade e do poder.

Na existência última, trouxe comigo os benefícios da es-cravidão, encontrando, assim, no seu coração amoroso, a luz que me conduziu a outros companheiros, outrora infortunados como eu, que já tinham recebido em seu coração as divinas se-mentes do Evangelho, dessa árvore frondosa, de sombra amena e de frutos saborosos, que nos tem alimentado a esperança e que nos tem acolhido nesses caminhos escaldantes e que temos obtido a necessária e abençoada renovação.

Recebei, desse modo, a minha expressão de reconhecimen-to e louvor. Minhas lágrimas unem-se agora às lágrimas de ale-gria de quantos hoje aqui se encontram, entoando hosanas ao divino Senhor pelas misericórdias que nos tem concedido, sor-vendo, com todos os meus companheiros, o perfume das flores da gratidão, da esperança, da fé e da melhor compreensão que nos eleva o grupo de trabalho ao justo engrandecimento.

Essa é a mensagem que, há muito tempo, desejei trazer-vos a todos, meus filhos. Perdoai-me se as palavras não me correspon-dem ao coração. As grandes alegrias, como são grandes dores, tam-bém fazem lágrimas e a gente não sabe falar confiando somente às lágrimas a tarefa de adubar e fortalecer a árvore da esperança.

Desculpai, dessa forma, ao preto velho. Ele se despede, lou-vando ao nosso Senhor Jesus Cristo, à nossa Mãe Santíssima, suplicando-lhes para que nos protejam a todos no caminho do aperfeiçoamento, conservando-nos a alegria de lutar e servir sempre na prática do Evangelho da caridade e da perfeição, a única via que nos elevará para o reino da luz. E por que o velho André não pode falar mais, repito convosco a divina saudação: "Louvado seja nosso Senhor Jesus Cristo"!

André

Presentes: *Arnaldo Rocha, Francisco Teixeira de Carvalho, Elza Vieira, Francisco Gonçalves, Geni Pena Xavier, Geraldo Benício Rocha, Ovídio, Edmundo Fontenele, Francisco Cândido Xavier, Aderbal Nogueira Lima, Maria Laura Nogueira Lima, Eunice Cerqueira, Nélio Cerqueira e Waldemar Silva.*

Comunicação recebida pelo médium *Geraldo Benício Rocha.*

Disciplina educativa

Louvado seja nosso Senhor Jesus Cristo! Também eu, nesta noite, trago a minha colaboração, modesta, embora, mas em nome do Senhor.

Como "velho mestre-escola" conclamo aos companheiros médiuns para a disciplina educativa, que necessitamos aprimorar a cada passo, a fim de cumprirmos, fielmente, o mandato que o Senhor nos confia.

O "Ajuda-te que o céu te ajudará" não é figura literária contida no Evangelho, mas sim advertência salutar, pela qual devemos pautar os nossos atos, a fim de conquistarmos melhor posição espiritual em face dos nossos compromissos assumidos, tendo-se em vista que de nós próprios e de nossos esforços depende o aprimoramento das possibilidades de servirmos bem ao Senhor.

A disciplina emotiva deve regular os nossos pensamentos para os mais nobres e elevados sentimentos, pautando-se pela regra áurea do "Perdoa a teu irmão setenta vezes sete vezes".

A disciplina da palavra leva-nos a lembrar que antes de julgar os atos de nossos semelhantes devemos lembrar-nos do "argueiro no olho".

A disciplina do proceder, em toda parte, deve nos levar à exemplificação a todas as horas e a todos os dias que somos médiuns e que só seremos mediadores das coisas divinas se o nosso proceder for harmonioso com as normas evangélicas.

Que o Senhor, com sua longanimidade eterna, nos ampare e abençoe, fortificando-nos em nossos esforços de aprimoramento para servi-lo. A todos a minha saudação, em nome de nosso Senhor Jesus Cristo.

Raimundo Tavares

Presentes: *Arnaldo Rocha, Francisco Teixeira de Carvalho, Elza Vieira, Francisco Gonçalves, Geni Pena Xavier, Francisco Cândido Xavier, Edmundo Fontenele, Edite Malaquias Xavier, Áurea Gonçalves, Aderbal Nogueira Lima, Zínia Orsine Pereira, Geraldo Benício Rocha e Waldemar Silva.*

Comunicação recebida pelo médium *Geraldo Benício Rocha.*

Em louvor ao Evangelho

Jesus seja louvado, meus filhos. Que a sua misericórdia se faça sobre nós nesta noite em que vamos falar de tal modo que a nossa palavra seja gravada.

Lembramo-nos, assim, de trazer-vos a nossa experiência na luta para buscarmos, todos juntos, a graça do Senhor.

No seu Evangelho temos aprendido tanto que nos encorajamos hoje a recordar nos companheiros mais moços que ele não somente é um livro que se deva ler por espírito de religiosidade ou de temor a Deus, mas sim como código seguro, que nos conduz às estradas aplainadas do Sumo Bem, preparando-nos para a compreensão maior. Infelizmente, não são apenas os neófitos, mas também os iniciados nos mais altos estudos que não lhe entendem o supremo valor. Ainda assim a palavra do divino Mestre nele está como advertência sublime, alertando-nos para o amor – que é a vida de nossas almas.

Amor, meu filhos! É o que nos falta nos dias tumultuosos em que vivemos todos, encarnados e desencarnados, porque as angústias que nos ferem, as incompreensões, a ausência de fé, as dores de todos os recantos nascem nas sombras do egoísmo crescente. Lembremo-nos, assim, da necessidade do Evangelho nos lares, oficinas, no trabalho e em toda parte, a fim de que os nossos objetivos sejam alcançados.

Reconhecemos que mesmo os iniciados na Doutrina de Jesus usam o Evangelho apenas por obrigação. Não puderam ainda apreender-lhe a luz magnífica, e nem puderam apreender-lhe as consolações e as esperanças sublimes. Busquemos, irmãos e companheiros queridos, a cada dia reproduzir, de qualquer modo que a nossa mente for capaz, a figura misericordiosa de Jesus, nosso Senhor, nas suas expressões repassadas de amor e sabedoria, atendendo-lhe às exortações que ressoam, divinas, através dos séculos. Pelo Evangelho, conquistaremos vossas almas. Essa deve ser nossa constante preocupação – vivo roteiro dos nossos dias -, principalmente quando nos empenharmos em aprimorar os nossos sentimentos, em alijar das nossas almas os maus hábitos, melhoramo-nos, a fim de aprimorarmo-nos no Senhor.

As gerações do passado sucederam-se entre decepções e lágrimas por buscarem a felicidade sem Cristo, mas nós outros, que lhe ouvimos a palavra, sentimos o hálito divino animando--nos à justa renovação. A sua mão misericordiosa levantou-nos das cinzas do pretérito. A poeira das civilizações caídas no erro não se amontoou sobre os nossos ouvidos porque lhe escutamos ainda o apelo consolador: "Vinde a mim vós que sofreis e que vos achais sobrecarregados, que eu vos aliviarei!"

Fomos a ele e sentimos que o seu amor infinito desceu sobre nós. Saibamos, pois, conservar-lhe a graça divina.

E, terminando, saudamos a todos os companheiros em nome de sua paz, rogando a Deus nos abençoe para sempre.

Antônio João

Presentes: *Arnaldo Rocha, Francisco Teixeira de Carvalho, Elza Vieira, Antônio
Cordeiro Albuquerque, Francisco Gonçalves, Geni Pena Xavier, Francisco Cândido Xavier, Edmundo Fontenele, Edite Malaquias Xavier, Áurea Gonçalves,
Gonçalves Pereira, Zínia Orsine Pereira,
Laura Nogueira Lima, Geraldo Benício
Rocha e Waldemar Silva.*

Comunicação recebida pelo médium
Geraldo Benício Rocha.

Dolorosa confissão

Louvado seja Deus, que permite seja minha voz ouvida
numa escola de companheiros do Evangelho!

Há mais de meio século, nas terras de Minas Gerais, arvorei
o perdão de João Batista, trazendo no coração muita fé e muita
alegria, mas também muito orgulho e muita vaidade.

Ao invés de alicerçar-lhe a casa na dívida que fiz inscrever
"fora da caridade não há salvação", pautando, orientando, di-
rigindo os nossos atos naquela humildade característica do pa-
droeiro que erigíramos para a nossa casa, fizemos espoucar fo-
gos, ouvir bandas de música, envergamos cartolas e atendemos
a todas as exigências de uma vida fictícia de uma sociedade
vazia de sentimento e balda de amor.

Longe de crescer no coração das criaturas, que, ávidas, pro-
curavam naquela casa as semente do consolo e da evangelização, crescia nela o orgulho, a desilusão e a obsessão. Levamos
a nossa cruz cheia de flores, cheia de luzes fátuas, mas vazia

de sentimento, escura das luzes do amor, sem a florescência da fraternidade e do perdão.

O estigma enraizou-se profundamente, vibrando fortes golpes nas leis de harmonia e de fraternidade, e desencadeou-se guerra surda contra nós, contra a casa, contra a instituição que deveria crescer, deveria florescer e amparar a todos aqueles que esperavam por nosso concurso nas terras de Minas.

O orgulho e a vaidade ensandeceram-nos, através de elogios e honrarias mentirosas. Levamos as esplanações espíritas para todos os lugares onde a alta sociedade dominava, mas esquecemos de conduzi-la aos lugares onde a dor campeava. E carreávamos a nossa palavra para todas as tribunas floridas e deixávamos de enxugar as lágrimas dos órfãos desamparados, dos velhos sofredores e das mães aflitas e famintas.

Os anos passaram. A misericórdia do Senhor nos levou para outras plagas para que sentíssemos melhor, para que ouvíssemos melhor as orientações dos nossos amigos dedicados, dos nossos sábios protetores.

Sempre o orgulho, sempre a vaidade, sempre o desejo das honrarias humanas, sempre o anseio de que o nosso nome figurasse no frontispício de obras literárias!... E assim foi até que a velhice nos bateu às portas do corpo que já se ia alquebrando...

Rompemos com todos os companheiros que podiam nos auxiliar, aos quais devíamos respeito, solidariedade, fraternidade e compreensão. E a morte nos surpreendeu, encontrando-nos vazios de quanto havíamos prometido ao Senhor.

É muito longa a minha história. O meu nome aureolou-se na propaganda espírita com luz imerecida. A cultura que o Senhor me proporcionou, as possibilidades que enfeixei nas minhas mãos e a destruição dessas divinas possibilidades arrojaram-me num bárato profundo de trevas. Sinto-me vazio, perdido no vácuo, como se alguém solapasse a base que havia de me sustentar, porque, na realidade, ela não foi criada, não tive amor, não tive sentimento de fraternidade, não exemplifiquei o perdão, mas apenas estulta vaidade. Desejei apenas que meu nome aparecesse... Então a morte, a divina morte, veio obrigar-me a retratar-me ante a própria consciência. E semelhante ao balão sem comando, ao dirigível desorientado no turbilhão da vida, ouvindo choros e imprecações, lamentações e gritos de socorro, me encontrei perdido num casarão da Rua Curitiba...

Senti as angústias das acusações do clero impiedoso, a perseguição dos sofredores não evangelizados, a dor dos sofrimentos não atendidos, a dilaceração das almas não consoladas, o desespero dos irmãos não orientados...

Náufrago do amor, desesperado comigo mesmo, fugi como Judas, à procura de um cadinho que me reformasse os sentimentos. Louco, através de uma reencarnação para que eu pudesse ressarcir os erros do passado, fui recolhido, no sofrimento que extravasava a minha alma, nesta casa que é a nossa casa, que é a vossa casa. E de longos e infindáveis anos aqui me encontro de mãos estendidas numa súplica de amor, de auxílio e de esperança para que o cadinho da reencarnação venha reorganizar-me as forças espirituais, o desejo de vencer humildemente, de engrandecer-me pela caridade e pelo amor no anonimato bendito.

Vós me recebestes aqui, anonimamente, porque nem a coragem de citar meu nome eu tive.

Assemelhando-me ao obsessor fanatizado, que na verdade em nada era diferente, tentei impor os meus pontos de vista doutrinários na organização amorosamente dirigida, fraternalmente orientada, cristãmente querida, respeitada e harmonizada, e hoje a graça do Senhor me descerra as portas da fraternidade para que eu faça um esforço de destruir o orgulho que ensombrou a minha passagem pela Terra.

Eu venho saudar os meus amigos, eu venho implorar aos meus irmãos aquela prece fraterna, aquela ajuda indispensável para que eu retire dos meus olhos as vendas dolorosas da vaidade e do orgulho.

Irmãos queridos, o vosso auxílio, o vosso amparo para que no choque biológico da reencarnação eu me sinta fortificado, engrandecido dentro do anonimato e esquecimento justo.

Desejava alguma cousa mais esplanar, mas a comoção, no entanto, me levaria a prejudicar a organização mediúnica que me acolhe. A todos um abraço fraterno, com minha súplica de amparo. Vosso companheiro,

A. J. C. L.

Presentes: *Arnaldo Rocha, Ênio Santos, Elza Vieira, Geni Pena Xavier, Francisco Teixeira de Carvalho, Antônio Inácio de Melo, Aderbal Nogueira Lima, Francisco Cândido Xavier, Laura Nogueira Lima, Zínia Orsine Pereira e Waldemar Silva.*

Comunicação recebida pela médium *Zínia Orsine Pereira.*

No campo do bem

Muita paz, meus amigos.

Peçamos, antes de tudo, a nosso Senhor Jesus Cristo nos ampare e proteja, porque sem a sua bênção estaremos órfãos.

Por acréscimo de sua misericórdia temos mais esta casa para o trabalho construtivo, fonte do nosso progresso espiritual e, por isso, do nosso próprio bem.

De corações e espíritos entrelaçados no mesmo anseio de paz e de trabalho, busquemos o pão do espírito e a água viva do amor que, pura e cristalina, dessedentará as nossas almas, exangues nas longas caminhadas com quedas consecutivas.

Usemos nossos recursos dentro do bem, para o bem e pelo bem. Que os nossos pés não se movimentem senão em prol dos nossos irmãos de peregrinação, sejam estes necessitados ou não, porque, embora paradoxal nos pareça, todos necessitamos imensamente uns dos outros e os mais ricos, os aparentemente mais favorecidos da sorte, são geralmente os mais fracos e mais sujeitos à provação e ao desequilíbrio.

Não nos disse o apóstolo dos gentios que o Pai ama todo aquele que dá com alegria? E então, meus amigos? Qual é o dever precípuo de todo bom cristão? É dar e dar muito, com sincera alegria. Que as nossas bocas jamais se abram para ferir, insultar ou humilhar a quem quer que seja. E que os nossos olhos vejam apenas as boas qualidades do nosso próximo.

Os menores gestos de amor e caridade nos são contados em acréscimo e gravados no grande livro da vida eterna. Temos notado, e com muito mais intensidade do lado de cá, que a maior esmola não é a do dinheiro que nos sobra, mas a do coração, porquanto se amarmos ardentemente aos nossos irmãos de romagem planetária, o filtro de caridade não deixará passar o reflexo de seus possíveis defeitos, para que lhes vejamos tão-somente as virtudes. Nessa diretriz, chegaremos à certeza de que não há criaturas verdadeiramente devotadas ao mal e sim pobres vítimas de dolorosas enfermidades que nos compete combater e curar. Além disso, meus irmãos, ofertando a todos o nosso amor e a nossa caridade, estaremos lembrando a sublime assertiva do Mestre: "Muito se pedirá a quem muito se houver dado". E na verdade nós somos daqueles que muito recebem. Ajudemos, pois, com alegria, rendendo graças a Deus pela oportunidade de trabalhar. Que o serviço do bem seja o nosso clima constante.

Estimaria prolongar a nossa tertúlia por mais algum tempo. No entanto, outros deveres reclamam-nos acolá. É por isso que me despeço, deixando-lhes um grande abraço de companheiro e velho amigo.

Cícero Pereira

6ª reunião | 8 de novembro de 1956

Presentes: *Arnaldo Rocha, Ênio Santos, Francisco Gonçalves, Geni Pena Xavier, Francisco Teixeira de Carvalho, Geraldo Benício Rocha, Nélio Cerqueira, Edmundo Fontenele, Aderbal Nogueira Lima, Francisco Cândido Xavier, Zínia Orsine Pereira, Maria Cândida Corrêa e Castro, Leopoldina Guimarães e Waldemar Silva.*

Comunicação recebida pela médium *Zínia Orsine Pereira.*

Remorso

Vim aqui num misto de tristeza e resignação, de coragem e timidez. É que tantos outros são portadores de grandes méritos e eu, um magistrado, a única valia que trago é a de servir de escarmento para os infelizes que me ouvem do lado de cá e para vocês que aí estão na Terra.

A lição é bem dura e cruel para quem, como eu, sempre se julgou tão importante. Fui juiz e não soube manter-me na altura e na dignidade exigidas ao homem de bem. Eu, que representava a lei, andava fora dessa mesma lei.

Há crimes que passam desapercebidos aí na Terra, mas que aqui crescem e se transformam em verdadeiros monstros à nossa frente, de cuja órbita não conseguimos escapar.

Nunca pensei que os meus deslizes, o meu descontrole sexual e o meu desrespeito à reputação alheia ficassem gravados nos refolhos de minh'alma para depois servirem de tristeza e vergonha para mim.

Enquanto aí estava tudo possuí: um lar, família, carinho, conforto e honrarias... Mas de repente tudo se transformou e vi-me, não sei como, alquebrado, doente, só... Clamava, chorava e gritava, reclamando assistência e ninguém me respondia... Nem sei quanto tempo passou nesse doloroso desespero. Um ano? Dez anos? Não sei. Para mim, foram séculos.

É bem triste assentar-se numa cátedra como esta nas minhas condições de réu ou aluno rebelde à frente de uma banca examinadora austera. Porém, venho mesmo para humilhar-me e também para agradecer, pois foi aqui que consegui reconhecer a minha condição de espírito necessitado, faltoso e sofredor.

Com fome e sede, completamente vencido, lembrei-me de Deus no meu sofrimento, aquele Deus que eu não soubera respeitar, e num soluço de dor pedi-Lhe que tivesse pena de mim.

E, ó milagre, eis que alguém me socorreu, trazendo-me a esta casa acolhedora e boa! Aqui soube que morrera. E por isso volto aqui hoje, embora acabrunhado e triste, para dizer-lhes que não façam como eu.

Assim, meus companheiros, eu peço a vocês todos que procurem cumprir com seus deveres para não se acharem nas condições de angústia em que ainda me encontro.

Obrigado, meus amigos! Obrigado!

Carlos

Presentes: *Arnaldo Rocha, Ênio Santos, Joaquim Alves, Francisco Gonçalves, Geni Pena Xavier, Francisco Teixeira de Carvalho, Geraldo Rocha, Edmundo Fontenele, Antônio Inácio de Melo, Edite Malaquias Xavier, Aderbal Nogueira Lima, Francisco Cândido Xavier, Izaura Garcia e Waldemar Silva.*

Comunicação recebida pela médium *Zínia Orsine Pereira.*

Prece

Maria, desvelada mãe, o que poderemos mais te pedir se tudo já temos?

Apesar do nosso demérito e de sermos prisioneiros dos nosso próprios erros milenários, o teu divino Filho e nosso Mestre amado nos tem cumulado de tantas bênçãos e nos tem dado todo o seu carinho, através das alegrias do amor, das carícias de uma criança, do conforto da fé, do poder da oração e da ternura de uma mãe!...

Temos todo o seu carinho através da bênção que nos dá, refletida no calor do sol, na claridade da luz, na riqueza da saúde, no socorro da fonte e na felicidade do lar!...

O que mais precisamos então?

Agora, mãe querida, que reconhecemos a suprema bondade do teu divino Filho, nosso Mestre, nada mais poderemos pedir para nós mesmos, entretanto, lembramo-nos, com ternura e respeito, dos irmãozinhos nossos, menos felizes, que aumentando estão as suas dívidas, não como oprimidos, mas como algozes, espalhando por toda parte o infortúnio, a incompreensão e a crueldade.

É para eles, mãe querida, que te imploramos misericórdia! Para que eles sejam detidos no caminho do mal e que possam receber no escrínio de suas almas uma gota de luz da tua maternidade, para que entendam, enfim, mãe, que "fora da caridade não há salvação"!

Abençoe-nos, ó lírio celeste, com o teu amor de mãe!

Hélio

Presentes: *Arnaldo Rocha, Ênio Santos, Elza Vieira, Francisco Gonçalves, Geni Pena Xavier, Francisco Teixeira de Carvalho, Geraldo Benício Rocha, Edmundo Fontenele, Joaquim Alves, Francisco Cândido Xavier, Zínia Orsine Pereira, Áurea Gonçalves, Izaura Garcia e Waldemar Silva.*

Comunicação recebida pela médium *Zínia Orsine Pereira.*

Dolorosa advertência

Trazida aqui por desveladas mãos, venho contar a vocês o quanto sofre, depois do túmulo, uma criatura fraca, leviana e ingrata. Por mais fértil nos seja a imaginação, ninguém poderá calcular a minha dor, o meu sofrimento e o abandono a que fui relegada. Meu coração sangra ainda com a repercussão dos dolorosos fatos que culminaram com a minha morte.

Sabia que havia morrido, pois acompanhei o meu próprio enterro, mas apesar de tudo isso, não sei o porquê, continuava viva e a minha agonia me parecia eterna.

Venho trazer-lhes um libelo contra mim mesma, de vez que estou sinceramente arrependida e porque também me disseram que não devia fugir à confissão do meu erro, porque a humildade é o caminho mais seguro e menos penoso para a nossa reabilitação.

Sei que errei e fali quando tudo me concitava a vencer.

Abandonei o meu lar, esquecendo o esposo e sobrecarregando-o ainda com os cuidados a uma menina de quatro anos, flor de carne que brotara do meu próprio seio e que morria, meses depois, com saudade de sua mãe.

Insensata, entreguei-me a novo amor, esquecida de todos os meus deveres e responsabilidades, e talvez até do próprio Deus Mas logo tive notícias de que minha filhinha havia morrido, reclamando a minha presença até sua última hora de vida... Eu, exasperada, desalentada, procurei a morte também, com um tiro no coração.

Daí para adiante a minha agonia não teve fim e não sei porquê, não podendo chorar, as minhas lágrimas ferventes escaldavam-me o coração, que se desfazia em pedaços de sangue, a escaparem constantemente da minha boca!...

Estou exausta e não posso mais!...

Afirmaram-me, aqui nesta casa, de que não há penas eternas e que Deus é bom. E eu agora acredito, pois desde que aqui cheguei não senti mais as terríveis hemoptises que me dominavam e já posso chorar, porque isso é um grande alívio para mim.

Entrevejo também, nos semblantes aqui presentes, algo da tranquilidade que tanto me falta.

Sofri, sofro e sofrerei até que consiga encontrar de novo a minha filha e o marido abandonados. Serei escrava de ambos, pois estou muito saudosa do lar. E se essas minhas dolorosas palavras servirem de advertência para alguém já será um pouco de felicidade para mim!

Sou tão sofredora e tão infeliz!

Piedade! Piedade!

É a bênção que suplico na bênção da prece que rogo a todos.

Ernestina Vilar

Presentes: ...[1]

Em rogativa

Senhor Jesus, aqui estamos numa confraternização de espíritos e corações, agradecendo-te as oportunidades redentoras que nos tens dado com a bênção do tempo e com as lutas edificantes, dois elementos básicos para a nossa felicidade, sem os quais, jamais, poderemos progredir!

Entretanto, quantas vezes, por fraqueza nossa, temos deturpado esses fatores do nosso progresso espiritual com os sentimentos do orgulho e da vaidade?

Quantos males, ruínas e dores espalhados em nome do amor?

Lares destruídos, corações despedaçados, sempre com o mesmo rótulo do amor!

Tudo isso, meu Jesus, apenas porque não conseguimos ainda conjugar com o coração todos os tempos do verbo amar e servir.

Sabemos que o cumprimento do nosso dever representa uma felicidade profunda, que cresce com a luta e se intensifica com as horas. Ensina-nos, ó Mestre, a trabalhar amando, seguindo a exemplificação da própria natureza que dá e dá sempre, sem nada pedir!

---

[1] No original datilografado não constam os nomes dos participantes da reunião em questão.

Tu, que és o Médico divino, tu, que és o Mestre incompará-vel, fortifica-nos o espírito, abençoa os nossos propósitos, am-parando-nos o coração para que possamos, com sinceridade, trabalhar, amar e servir!

Meus filhos, que a paz de Jesus, o seu amor e a sua luz des-çam sobre os nossos espíritos.

Fábio Silvano

Presentes: *Arnaldo Rocha, Ênio Santos, Francisco Gonçalves, Geni Pena Xavier, Francisco Teixeira de Carvalho, Geraldo Benício Rocha, Antônio Inácio de Melo, Aderbal Nogueira Lima, Zínia Orsine Pereira, Francisco Cândido Xavier, Áurea Gonçalves e Waldemar Silva.*

Comunicação recebida pelo médium *Francisco Cândido Xavier.*

Rei dos reis

Antes dele muitos reis haviam passado. Ramsés II, ostentando a coroa do Egito, subjugou a Fenícia e a Síria, e dominou os vales do Tigre e do Eufrates, percorrendo, vitorioso, a Bactriana e a Média, e regressou à sua pátria, acompanhado de largas multidões de cativos, em suor e lágrimas, para descer, no fim de seus dias, aos tormentos da cegueira e às trevas do suicídio.

Nabucodonosor, guardando o cetro dos assírios, tomou Jerusalém, bateu o Egito e, manobrando a intriga e o perjúrio, a rapina e a crueldade, consolidou a grandeza da Babilônia para arrojar-se, misérrimo, ao poço da loucura e ao nevoeiro da morte, depois de longo reinado a desbordar-se em vaidade e magnificência.

Ciro, exibindo a coroa dos persas, arrasou a Lídia e a Mesopotâmia, tripudiando sobre os cadáveres ainda quentes dos adversários e dos vencidos. Mas quando pretendia submeter os citas eis que a rainha Tômires mandou cortar-lhe a cabeça e mergulhando-a numa grande bacia transbordante de sangue humano exclamou, com infinito sarcasmo: "Mata a sede neste sangue de que te mostravas tão ávido!"

Alexandre, o Grande, conservando a coroa dos macedônios, assalariou milhares e milhares de combatentes, governou os gregos e massacrou os persas, conquistou vários povos e alterou a feição política do mundo, mas a febre em Babilônia consumiu-lhe o corpo ainda jovem, quando intentava desdobrar novos planos de guerra e devastação.

Júlio César, mostrando os emblemas do poderio de Roma, passeou, através das Gálias, o seu carro de triunfo sanguinolento, surdo ao clamor das viúvas e dos órfãos que lhe suplicavam comiseração e bondade, para tombar, no fastígio de sua autoridade, sob o golpe certeiro do punhal de Bruto.

Todos passaram dilacerando e usurpando, frustrando e destruindo...

Ele, porém, veio ter com os homens através de estrebaria singela. Não teve exércitos que não fossem as legiões de almas simples que o receberam confiantes na palavra divina. Não manejou outra espada que não fosse a do próprio coração inflamado de amor. Não viveu outra aristocracia que não fosse aquela do serviço infatigável aos semelhantes. Não empunhou outro cetro que não aquele da cana de escárnio que lhe puseram nas mãos na hora da angústia. Não guardou outra tiara de realeza que não fosse a coroa de espinhos. E não teve outro sólio de governança que não aquele do lenho da ignomínia, em que testemunhou o sacrifício supremo. Mas desde que o Rei dos reis veio ao encontro dos corações humanos, através da manjedoura da humildade, retirando-se do mundo através dos braços da cruz da flagelação, o seu império cresce com os dias e o seu nome é a glória das nações. E é por isso que, ainda hoje, todos nós, os cristãos do século XX, encarnados e desencarnados, ajoelhamo-nos em espírito diante do esplendor da estrela de Belém, para reverenciá-lo, jubilosos e comovidos: "Ave, Cristo! Os que aspiram viver contigo para sempre te glorificam e te saúdam!"

Vianna de Carvalho

Presentes: *Arnaldo Rocha, Ênio Santos, Elza Vieira, Geni Pena Xavier, Francisco Teixeira de Carvalho, Geraldo Benício Rocha, Edite Malaquias Xavier, Aderbal Nogueira Lima, Zínia Orsine Pereira, Francisco Cândido Xavier e Waldemar Silva.*

Comunicação recebida pelo médium *Francisco Cândido Xavier.*

Sacerdote ante a manjedoura

Doce Jesus, deixa que o sacerdote de ontem, hoje despido de todo ornato humano, te fale de alma desnuda diante da manjedoura em que preferiste ser pobre para ser livre!

Sabes, Senhor, que de nós pediu o mundo aquilo que não podíamos dar. A nós, homens frágeis e imperfeitos, rogou-se a pureza inatacável. De nós, consciências individadas e infiéis, exigiu-se a santidade de improviso.

Não ignoras, porém, a tragédia pungente e oculta dos padres honestos que movem a Terra sobre o lodo das tentações, constrangidos a indicar o caminho das estrelas, embora enredados à lama da própria carne. Entretanto, ó Cristo, nós somos também aqueles que te prometeram o próprio sangue. Recebemos de ti, mais do que os outros, a sublime advertência do "Ide e pregai" e o mundo esperou-nos como tochas ardentes quando não passávamos de morrões bruxoleantes. Releva, desse modo, a fraqueza de tantos como nós, que te não corresponderam a confiança e desertaram do ministério.

Divino Pastor, reagrupa, ao aconchego do teu cajado, as ovelhas que dispersaram! Construtor excelso, retifica o teu santuário de amor e de luz que nós tanto convertemos em momentos faustosos de orgulho frio! Anjo revelador da fé, reaquece a tua palavra transformadora e singela que nós soterramos na sombra das humanas conveniências! Divino Libertador, proclama de novo o teu Evangelho de redenção que mumificamos nas catedrais geladas e imponentes, em que pretendemos exaltar-te a memória! Perdoa-nos os crimes da suntuosidade ao pé dos famintos que alimentavas, os delitos da usura junto aos pobres que recolhias, as paixões enlouquecedoras e insensatas com que perturbamos as almas confiantes às quais desvelavas o roteiro das alturas, e os atos de crueldade que cometemos contra todos os corações sequiosos de verdade e emancipação espiritual, que endereçavas, com a força da tua palavra e com a chama do teu exemplo, à glória flamejante dos cimos!.. Reconduze as igrejas que falam e operam em teu nome à simplicidade do teu berço divino! E ensina-nos, Senhor, a humildade pura e espontânea com que havemos de esquecer a nós mesmos e seguir-te os passos na edificação do reino de Deus para sempre.

Carlôto Távora

1957

Geraldo Benício Rocha

Presentes: *Arnaldo Rocha, Ênio Santos, Elza Vieira, Francisco Gonçalves, Geni Pena Xavier, Geraldo Benício Rocha, Antônio Inácio de Melo, Eunice Cerqueira, Edite Malaquias Xavier, Aderbal Nogueira Lima, Francisco Cândido Xavier, Áurea Gonçalves, Dayse Andrade Pastor Almeida, Lauro Pastor Almeida e Waldemar Silva.*

Comunicação recebida pelo médium *Francisco Gonçalves.*

Convite ao amor

Jesus esteja sempre conosco, meus queridos irmãos!

Sinto-me emocionado, profundamente comovido nesta hora de prece, em que devo comunicar-vos minha própria palavra. É que sou ainda simples companheiro vosso, trabalhando para combater e solver meus débitos do passado.

Graças, porém, ao nosso Mestre Jesus, estou igualmente com a mesma boa vontade, qual vos acontece na ação do meu próprio resgate.

É por isso que apenas vos posso oferecer meu convite de amor... Amor para com todos e para com nosso trabalho. E animo-me a formular semelhante apelo porque vos vejo com as medalhas luminosas do conhecimento superior, cujas irradiações atraem os espíritos benevolentes e sábios que nos trazem mais amplas parcelas de amor de Jesus, com as quais, pouco a pouco, aprendemos a amar, sabendo amar.

Meus queridos irmãos, é assim que vos rogo estejamos sempre na dedicação e serviço ao próximo, no caminho e na boa vontade uns para com os outros, a fim de que permaneçamos no caminho do Senhor, que nos legou esta lição sublime: "Amai-vos uns aos outros como eu vos amei".

Jerônimo Cardelli

13ª reunião | 17 de janeiro de 1957

Presentes: *Arnaldo Rocha, Ênio Santos, Elza Vieira, Francisco Gonçalves, Geni Pena Xavier, Francisco Teixeira de Carvalho, Antônio Inácio de Melo, Aderbal Nogueira Lima, Francisco Cândido Xavier, Dayse Andrade Pastor Almeida, Lauro Pastor Almeida e Waldemar Silva.*

Comunicação recebida pelo médium *Francisco Gonçalves.*

Mensagem fraterna

Grande é a beleza que reluz em nosso santuário de Evangelho, porque a oração desperta alegrias que se assemelham a cânticos de sinos festivos entre as flores da natureza.

Era meu desejo dizer-vos algo mais com respeito à felicidade de amar e é por essa razão que Jesus correspondeu aos anseios de meu espírito, como atende a todos os corações que a ele recorrem, permitindo, ainda hoje, a palavra neste recinto de paz.

Resumirei, porém, todas as mensagens da minha alma, concitando-vos ao amor de Cristo, a estender-se em todos os recantos do mundo e da vida, positivando a grandeza de sentimentos do nosso divino Mestre. Não venho, assim, dar-vos lições, mas sim expandir-me convosco na fraternidade viva e pura, rogando-vos para que estejamos todos unidos nos bons atos que o Senhor espera de todos nós, no caminho atual, em marcha para o futuro. Recebei, desse modo, o meu coração fraterno e reconhecido, em preces fervorosas a Deus para que nos mantenhamos firmes na obediência à Sua lei.

Jerônimo Cardelli

Presentes: *Arnaldo Rocha, Ênio Santos, Elza Vieira, Geni Pena Xavier, Francisco Teixeira de Carvalho, Geraldo Benício Rocha, Edmundo Fontenele, Antônio Inácio de Melo, Edite Malaquias Xavier, Aderbal Nogueira Lima, Francisco Cândido Xavier, Francisco Gonçalves e Waldemar Silva.*

Comunicação recebida pelo médium *Francisco Gonçalves.*

Bendita
seja a prece

Valho-me das preces desta noite para dizer-vos minha página de sofrimento. O sofrimento de quem despertou na lousa fria...

A angústia de quem se viu sozinho em plena noite, guardando consigo o espanto e a mágoa...

Via-me tão-somente num turbilhão de flores... Flores murchas que me sufocavam, flores mortas que me entonteciam...

Era o sepulcro, com todo o seu cortejo de horrores para quem não se habilitara à ideia de morrer.

De pensamento atormentado, porém, procurei acampar na oração rogando a Jesus me suavizasse o martírio e me aquecesse a alma em cinza...

Ah, meus amigos, desde esse instante doce calor me percorreu o espírito flagelado pelo frio da sepultura e mãos invisíveis me retiraram do leito de pétalas mortas, transportando-me para vasto jardim em plena natureza, onde o bálsamo das flores vivas me reanimaram o ser!...

Oh, meus irmãos, que um dia conhecereis também a grande passagem, habituai-vos a orar, porque na alegria ou no sofrimento, na vida e na morte, bendita seja a prece!

Luiz Cândido

Presentes: *Arnaldo Rocha, Ênio Santos, Elza Vieira, Francisco Cândido Xavier, Geni Pena Xavier, Francisco Teixeira de Carvalho, Geraldo Benício Rocha, Edmundo Fontenele, Antônio Inácio de Melo, Aderbal Nogueira Lima, Zínia Orsine Pereira, Francisco Gonçalves e Waldemar Silva.*

Comunicação recebida pelo médium *Francisco Gonçalves.*

Página de gratidão

Meus amigos, que a paz divina nos proteja.

Manifesto-me para dizer-vos "muito obrigado", porquanto sou um daqueles que se beneficiaram infinitamente neste lar.

Minhas lutas na Terra foram enormes, porque muito grandes foram meus erros e, por isso, imensas eram as sombras em minh'alma. A luz de vossa casa, porém, clareou-me o caminho, ensinando-me a ver que todos os sofrimentos são também recursos com que a Misericórdia Divina nos favorece. É por essa razão que, comovidamente, rogo a Deus ampare este lar, sustentando-o por muitos e ditosos anos! Não devo prosseguir por faltar-me capacidade de maior expressão. Recebei, contudo, todos vós, com minha boa vontade, a minha alegria e a minha gratidão!

Cândido das Neves

Presentes: *Arnaldo Rocha, Ênio Santos, Francisco Cândido Xavier, Geni Pena Xavier, Francisco Teixeira de Carvalho, Geraldo Benício Rocha, Edmundo Fontenele, Edite Malaquias Xavier, Aderbal Nogueira Lima, Zínia Orsine Pereira, Elza Vieira e Waldemar Silva.*

Comunicação recebida pela médium *Elza Vieira.*

Gratidão

Que a paz do divino Mestre esteja em nossos corações.

Aqui estou para agradecer todos os bens que tenho recebido: a compreensão e o alimento da alma, a consolação e a luz!

Sei que estou beneficiado não por merecimento, mas por misericórdia. E que Jesus me dê forças para vencer todos os tropeços de que fui o semeador.

Assim, pois, meus amigos, rogo ainda para que vocês me auxiliem através da oração, para que eu não fraqueje mais.

Jesus nos abençoe!

José

Presentes: *Arnaldo Rocha, Ênio Santos, Francisco Cândido Xavier, Francisco Gonçalves, Geni Pena Xavier, Francisco Teixeira de Carvalho, Geraldo Benício Rocha, Edmundo Fontenele, Edite Malaquias Xavier, Aderbal Nogueira Lima, Zínia Orsine Pereira, Elza Vieira e Waldemar Silva.*

Comunicação recebida pela médium *Elza Vieira.*

Página fraterna

Meus irmãos, que a paz do Senhor seja com todos.

Graças a Deus, estou transmitindo o meu pensamento à nossa Elza com mais facilidade. É com muita alegria que digo isso, porque é preciso enriquecer nossa casa com maiores recursos de intercâmbio. Na terça-feira última, quando em oração, tentaria utilizar-me de suas faculdades, mas nossa amiga ponderou, mentalmente, que hoje seria mais justo e, assim, agradeço agora a docilidade com que me corresponde aos desejos.

A ela e a todos vocês, meus amigos, o meu carinho de sempre e o meu reconhecimento constante. Vou terminar, porque não devo prolongar demasiado esta experiência a que me entrego para ver nossa amiga dileta mais segura e mais confiante na palavra mediúnica.

Meus votos de paz a todos e que Jesus nos ampare sempre.

Meimei

Presentes: *Arnaldo Rocha, Ênio Santos, Francisco Cândido Xavier, Francisco Gonçalves, Geni Pena Xavier, Francisco Teixeira de Carvalho, Edite Malaquias Xavier, Aderbal Nogueira Lima, Zínia Orsine Pereira, Elza Vieira e Waldemar Silva.*

Comunicação recebida pela médium *Elza Vieira.*

Oração

Jesus, mestre amado, receba-me a súplica e o reconhecimento! Venho depositar aos teus pés o meu pranto de gratidão e as flores do meu carinho. Sê louvado, Senhor, por tudo o que me deste pela bênção e pelo encorajamento, pela corrigenda e pela lição. Agora, Mestre, dá-me forças! Perdoa-me a falta e releva-me as fraquezas. Eu sei, Jesus, como é grande a tua misericórdia! Dá-me, assim, por acréscimo de compaixão, a nova oportunidade de trabalho e luta em que eu possa recomeçar a servir, no cumprimento de meu dever!

Maria Izabel

Presentes: *Arnaldo Rocha, Ênio Santos, Francisco Cândido Xavier, Francisco Gonçalves, Geni Pena Xavier, Francisco Teixeira de Carvalho, Geraldo Benício Rocha, Edmundo Fontenele, Edite Malaquias Xavier, Aderbal Nogueira Lima, Zínia Orsine Pereira, Elza Vieira e Waldemar Silva.*

Comunicação recebida pela médium *Elza Vieira.*

Palavras de irmão

Meus amigos, aqui estou para transmitir-lhes o meu abraço, reconhecido por todas as bênçãos que tenho recebido nesta casa, por todo o amparo que vocês todos têm dispensado em meu favor. Rendo mesmo graças a Deus por estes momentos de palavra discreta, que poderiam ser mais amplos, contudo, as dificuldades para exprimir-me são ainda grandes, embora insista em falar-lhes assim mesmo. Peço que digam à Elza que é preciso mostrar mais confiança, porque na inquietação mediúnica em que se coloca muito dificulta o esforço dos amigos que lhe buscam as faculdades. Estou auxiliando-a quanto posso – sempre estou!

Arnaldo, rogo para que você nos auxilie. Perdoe-me a solicitação, mas é que não consigo transmitir o que desejo.

Jesus nos proteja a todos. Deixo-lhes aqui o meu abraço de humilde cooperador.

Eire

Presentes: *Arnaldo Rocha, Ênio Santos Elza Vieira, Geni Pena Xavier, Francisco Teixeira de Carvalho, Geraldo Benício Rocha, Edmundo Fontenele, Edite Malaquias Xavier, Aderbal Nogueira Lima, Zínia Orsine Pereira, Francisco Cândido Xavier e Waldemar Silva.*

Comunicação recebida pelo médium *Francisco Cândido Xavier.*

Mediunidade e Espiritismo

Meus amigos, a paz do Senhor Jesus seja conosco.

Para os espíritas desencarnados, a mediunidade é problema dos mais aflitivos no santuário de princípios a que empenhamos a nossa fé. Sabemos que mediunidade não é Espiritismo. Ela surge dentro da Nova Revelação assim como em medicina dispomos do veículo para o remédio. O álcool, a água, o xarope não constituem a entidade curativa em si, contudo, são instrumentos valiosos que lhe fixam os valores.

Imaginemos a ignorância como sendo a moléstia do mundo. Ignorância que aumenta a animalidade, que garante a desarmonia e a loucura. Mentalizemos o Espiritismo como sendo a luz medicamentosa e a mediunidade desempenhando a função do canal que lhe dissemina a virtude. Quanta realização proveitosa se as criaturas trazidas aos misteres medianímicos encarassem as suas responsabilidades com mais ampla musculatura moral! Para nós, batalhadores humildes, exonerados da carne com o propósito de acentuar observações em prol do trabalho sadio nos arraiais de nossa luta, a análise aparece como serviço dos mais preciosos. Formulamos indagações justas... Consultamos arquivos... E ficamos sabendo que há precisamente um século a Esfera Superior tem providenciado o renascimento de múltiplas comissões de batalhadores, constituídas, todas elas, por espíritos missionários, que se oferecem como colaboradores voluntários de bandeira libertadora de nossa Doutrina, por almas endividadas que pedem provações nos alicerces do Cristianismo redivivo ou por criaturas que se lançam à conquista de méritos indispensáveis à mais ampla ascensão no mundo espiritual. Entretanto, quão raros são aqueles que no conflito entre a sombra e a luz não caem às primeiras investidas da treva!

Exclamou o Senhor, certa vez, para os seus discípulos: "Eis que vos envio como ovelhas aos círculos dos lobos". O Mestre, no entanto, não faria mensageiros desarmados moralmente em si próprios. As ovelhas que endereçava ao combate eram espíritos enriquecidos de conhecimento superior, capazes de exemplos dignos para a renovação mental dos lobos humanos reencarnados na Terra. Assim também os tarefeiros da mediunidade não chegam ao berço terreno sem a necessária preparação. Contudo, vemo-los, quase sempre, enfraquecidos e inermes ante as sugestões de forças primitivistas que se acastelam há milênios na carne, procurando desmoralizar os princípios emanantes do Céu. Aqui são criaturas que, aos primeiros convites do prazer, se acamaradam com vampiros que lhes aniquilam a resistência... Adiante encontramos companheiros que, na fome doentia de conforto material, se rendem a gênios substancialmente perversos que lhes exploram as energias, anulando-as para o serviço edificante do Senhor. Mais além encontramos aqueles que, nos primeiros embates do ministério, preferem a covardia da poltrona morna, a qualquer preço, para que se não vejam aborrecidos por qualquer ideia de renunciação individual. E concorrendo com semelhantes calamidades vemos a praga da dúvida, a velha cortina de fumo de que se prevalecem os inimigos da luz para que os soldados do bem sejam neutralizados em sua capacidade de combater.

Se essa vacilação se referisse à influência do mal, ela seria, talvez, justificável, entretanto, por mais complexo se nos faça o raciocínio reporta-se inteiramente ao bem que nos pede amor e consagração. Raramente encontramos algum companheiro que, em cometendo essa ou aquela falta, não esteja convicto quanto ao império dos inimigos desencarnados que lhes flagelam a vida. Esse ou aquele delito é justificado com a presença do obsessor. Essa ou aquela omissão no dever a cumprir é imputada à atuação de espíritos infelizes, mas em se tratando do sacrifício que devemos à causa do bem, a favor do próximo, quase todos os colaboradores do trabalho mediúnico costumam asseverar: "É possível que isso seja meu. Tenho receio de mistificar... Estou em dúvida e por isso devo guardar abstenção... Tenho medo de mentir à minha própria consciência... Não tenho certeza se me cabe agir dessa ou daquela maneira, porque não vejo bem as entidades desencarnadas... Não ouvi com clareza o espírito protetor e por isso mesmo senti-me na obrigação de evitar a mensagem..." Essas e outras frases explodem a cada passo, aqui e ali, como se nós, em nossa clara posição de inferioridade, estivéssemos realmente habilitados à pratica do bem e como se esse bem não fluísse da Esfera Superior, procurando os nossos singelos recursos de interpretação.

Não podemos hesitar no culto à fraternidade. Todos estamos armados com o discernimento preciso para saber que essa ou aquela palavra, e que essa ou aquela providência são destinadas à melhoria, ao consolo, ao socorro e ao amparo daqueles que nos cercam. Basta que façamos silêncio, guardando a coragem de emudecer nosso personalismo delinquente para que o auxílio divino se estabeleça através de nossas possibilidades, na garantia da felicidade dos outros. Quanta lágrima enxugada, quanto reconforto administrado, quanta riqueza emotiva fixada em corações sofredores, quanta luz nas almas obscurecidas pelas trevas se tivermos o desassombro de entregar o coração, o cérebro, a voz e os braços à glória do bem para que o amor se estenda puro!

É imprescindível acordar os companheiros da mediunidade para a obra do bem incondicional, a fim de que não estejamos imobilizando a ação dos instrutores do Alto, abnegados e vigilantes na renúncia e na caridade, em benefício do mundo.

Mediunidade e Espiritismo!

Espiritismo é a lição divina de Jesus, como o sol brilhando

para todas as criaturas, indistintamente! Mediunidade é instrumentação humana para a dosagem dessa luz na redenção das consciências encarnadas e desencarnadas. Ajudemos àqueles corações incumbidos de desdobrá-la para que raciocinem a tempo, a fim de que o tempo de permanência na carne lhes seja realmente favorável, porque todos nos achamos em marcha para a verdade suprema.

Mediunidade e Espiritismo!

Espiritismo é bênção do Criador. Mediunidade é trabalho da criatura. Mal caminharemos, porém, se os médiuns, longe do estudo e longe da prestação de serviço desinteressado, se acomodarem com as trevas disfarçadas em aplauso do mundo e exclusivismo doméstico. Não podemos esquecer a obrigação de prosseguir no sulco dos pioneiros da nossa fé, a começar pelo exemplo daquele pioneiro maior que foi o apóstolo da Codificação, Allan Kardec!

É preciso não olvidar que todos nós encontramos no Espiritismo a possibilidade da grande iniciação para a Vida Maior, iniciação que pode ser sintetizada com o primeiro mandamento da lei, "Amarás o Senhor teu Deus de todo o teu coração e de todo o teu entendimento", a desdobrar-se no ensinamento vivido de nosso Senhor Jesus Cristo: "Amai-vos uns aos outros como eu vos amei".

Barros Fournier

21ª reunião | 14 de março de 1957

Presentes: *Arnaldo Rocha, Ênio Santos, Elza Vieira, Francisco Gonçalves, Geni Pena Xavier, Francisco Teixeira de Carvalho, Geraldo Benício Rocha, Edmundo Fontenele, Antônio Inácio de Melo, Aderbal Nogueira Lima, Zínia Orsine Pereira, Francisco Cândido Xavier, Waldemar Silva, Olga Leal Peduto, Luiz Peduto, Esmeralda Bittencourt e Hélio Porciúncula.*

Comunicação recebida pelo médium *Francisco Cândido Xavier.*

Mediunidade e aperfeiçoamento

Meus amigos, que a paz de Jesus seja conosco.

Alongando os nossos conceitos despretensiosos da reunião anterior, julgamos necessário alinhar algumas anotações acerca de mediunidade e autoaperfeiçoamento, a fim de que os tarefeiros de intercâmbio se capacitem quanto ao impositivo de nossa própria elevação.

Não basta desenvolver a energia psíquica. Antes de tudo, é preciso saber conduzi-la e aproveitá-la, aprimorando-lhe as manifestações e os impulsos. O avião cortará o firmamento, irmanando povos, mas requer adequado campo de pouso para não destruir-se. A locomotiva carreará o progresso em continentes inteiros, entretanto, reclama trilhos que lhe disciplinem a marcha.

O cooperador de escritório exibirá inexcedível habilidade datilográfica, contudo, se não sabe reger a língua que utiliza, em vão grafará um texto. O homem que realiza uma viagem caminhará com facilidade, no entanto, se desconhece o próprio rumo, desperdiçará movimento. Assim também na mediunidade. Não vale, simplesmente, o enriquecimento e a explosão das forças psíquicas para a multiplicidade indiscriminada de fenômenos que, de certo, não conseguirão ferir o senso moral das criaturas. A alma encarnada reside temporariamente num soberbo agregado de fenômenos, sem que lhes assinale a grandeza e a extensão.

Tenhamos em vista o fenômeno da mentalização das ideias... O fenômeno da visão... O fenômeno da audição... O fenômeno das células gustativas... O fenômeno da composição epidérmica... O fenômeno do equilíbrio... Tantos fenômenos não impedem o desregramento da alma, que se distancia do serviço que lhe compete realizar. Inferimos dar o imperativo do esforço incessante nos companheiros convocados à comunicação entre os dois planos para que o tempo terrestre lhes seja favorável à solução dos problemas que lhes dizem respeito.

Comparemos a força mediúnica ao violino precioso entregue aos cuidados da consciência do médium. Há quem se vale do instrumento para a cooperação em leviandade festiva. Há quem o aproveita nos espetáculos pagos de feiras públicas e há quem o mobiliza na obtenção de vantagens inferiores. Em todos esses misteres, agregam-se ao responsável pelo apetrecho valioso espíritos desencarnados que se demoram em prazeres inúteis, em mercado ruinoso ou em propósitos destrutivos... Todavia, o médium acordado para a sublimação que a experiência lhe perpetua conserva o instrumento primorosamente afinado, à espera dos artistas divinos, capazes de desferirem as melodias do aperfeiçoamento e da elevação, da paz e do reconforto, da educação e da ascensão das almas aos planos superiores. Nesse sentido, pois, é necessário – reconhecendo semelhante impositivo para todos nós, operários da evolução – que os médiuns se consagrem ao pensamento nobre, cultivando na própria vida os valores da responsabilidade, da caridade e do estudo. Responsabilidade que seja dever irrepreensivelmente cumprido. Caridade que seja fraternidade incessante. Estudo que seja progresso. Responsabilidade que inspire respeito. Caridade que traga simpatia. Progresso que realize renovação.

Para isso é imperioso que o pensamento mediúnico se demore na escolha do melhor que a vida nos oferece, que se resigne à disciplina moral, que se ambiente com a solidariedade espontânea, para que as possibilidades de interpretação permaneçam manejadas pelas inteligências superiores na formação do reino de Deus.

Lembremo-nos, dessa forma, que é de toda importância a disseminação dos círculos de estudo, com devotamento ao serviço salutar, para que todos estejamos compenetrados nos arraiais de nossa redentora Doutrina quanto ao trabalho construtivo a que fomos chamados por nosso divino Mestre e Senhor. Trabalho que alivie, que cure, que fortaleça, que limpe, que socorra, que eduque, que ilumine, que ajude e que enobreça, a começar do íntimo do coração para o reduto doméstico e a transbordar no campo social em que fomos chamados a viver na condição de almas desencarnadas ou encarnadas, porque todos nos achamos em círculos de expressão dinâmica, nos quais o pensamento do Cristo deve ser refletido a benefício de todos, porque o benefício de todos é o nosso benefício particular.

O grande codificador de nossos princípios carreou para a Terra este código abençoado que denominamos Doutrina Espírita para que Jesus fosse realmente revelado à humanidade terrestre.

Chamados, pois, a cooperar, desde os planos mais simples aos mais complexos na exaltação do bem, guardemos consciência de nossas responsabilidades, glorificando no Espiritismo a doutrina de amor e de luz que opere no mundo a nossa consagração a Deus.

Barros Fournier

Presentes: *Arnaldo Rocha, Ênio Santos, Elza Vieira, Geni Pena Xavier, Francisco Teixeira de Carvalho, Geraldo Benício Rocha, Antônio Inácio de Melo, Edite Malaquias Xavier, Aderbal Nogueira Lima, Zínia Orsine Pereira, Laura Nogueira Lima, Waldemar Silva, Olga Peduto, Luiz Peduto e Esmeralda Bittencourt.*

Comunicação recebida pelo médium *Francisco Cândido Xavier.*

Ante a Doutrina Espírita

Quase sempre as escolas religiosas do passado e do presente tomaram a idolatria como base das tarefas sagradas para o religamento do espírito humano à glória de Deus.

Os filhos da Índia védica encravavam-se no retiro silencioso para meditação. Os egípcios adoravam esfinges e animais. Os persas introduziram nos elevados ensinamentos de Zoroastro as cerimônias estranhas e as abluções esdrúxulas. Os gregos, apaixonados pelos valores artísticos, desvairavam-se nas manifestações do politeísmo que lhes fascinava a fé. Os romanos entronizavam a efígie dos próprios antepassados. Os druidas conservavam, com extrema afetividade, velhos carvalhos da floresta para os serviços de oração. Com Jesus, no entanto, o problema da revelação divina adquire novo aspecto. O Instrutor da Terra, em nome do Pai Altíssimo, não instituiu no mundo uma seita religiosa propriamente considerada, porque ele próprio, em sim mesmo, é o mais alto expoente da religião cósmica do trabalho e do progresso, do amor e da sabedoria, através da qual todas as consciências evoluirão para Deus. Nem santuários de pedra, nem altares, nem símbolos. Nem vasos de incenso, nem cântaros de perfume. Nem gazofilácio para ofertórios públicos, nem fórmulas mágicas, nem atitudes especiais. Seu templo é a natureza – trono da sabedoria divina – e seus ofícios religiosos se constituem do serviço infatigável aos semelhantes.

Durante séculos a idolatria procurou empanar-lhe a simplicidade e o brilho puro, mas, na atualidade, o Evangelho renasce no santuário vivo da Doutrina Espírita, que volve ao continuísmo da religião universal apoiada na ciência que realiza e na filosofia que esclarece, definindo trabalho que constrói, estudo que ilumina e solidariedade que santifica. Detemos, desse modo, nas casas de nossa fé a herança dos princípios sagrados do Cristo, congregando as almas segundo os degraus evolutivos em que se encontram para a substancialização do reino de Deus. Por isso mesmo um templo espírita é, ao mesmo tempo, um lar de oração e um campo de ação, conjugando as realizações sublimes da alma. E é por isso que as assembleias espíritas constituem a renascença das assembleias apostólicas, em que todos somos chamados à linguagem da exemplificação no bem incessante.

Agora, pois, que nos rejubilamos nas comemorações do primeiro centenário da codificação do Espiritismo, exaltando a missão apostolar de Allan Kardec, todos devemos reconsiderar as próprias obrigações à frente da luz que vem efetuando a nossa libertação para a vida eterna. A nós outros, espíritas encarnados e desencarnados do século XX, cabe uma tarefa gloriosa: a tarefa de manter a pureza e a simplicidade da lição kardequiana, através da edificação de nossa própria consciência para o divino Mestre e Senhor.

Estejamos, assim, convictos quanto ao imperativo da sublimação individual diante da Doutrina que nos felicita, para que possamos servir ao progresso da humanidade e para que a humanidade de amanhã possa abençoar o nosso trabalho de hoje, como hoje estamos agradecendo e exalçando o serviço inolvidável do grande apóstolo de ontem, sempre vivo em nossos corações.

Barros Fournier

Presentes: *Arnaldo Rocha, Ênio Santos, Elza Vieira, Francisco Gonçalves, Francisco Teixeira de Carvalho, Geni Pena Xavier, Geraldo Benício Rocha, Edmundo Fontenele, Olga Leal Peduto, Aderbal Nogueira Lima, Edite Malaquias Xavier, Zínia Orsine Pereira, Francisco Cândido Xavier, Waldemar Silva, Luiz Peduto, Áurea Gonçalves e Esmeralda Bittencourt.*

Comunicação recebida pelo médium *Francisco Cândido Xavier.*

Na rota de luz

Meus amigos, retenhamos em nós a paz do Senhor.

Completando as nossas modestas anotações em torno da Doutrina Espírita e da mediunidade, como lembrança singela nas comemorações do primeiro centenário da codificação kardequiana, lembremo-nos de que o espírito é também a luz do céu para as trevas que ainda assenhoreiam o mundo. Trevas que se estendem a toda parte... Trevas na infância e na senectude, na mocidade e na madureza, na fortuna e na carência, na administração e na subalternidade, na alegria e na dor, nos tribunais e nos templos, nas escolas e nos lares... Treva de egoísmo, de ignorância e de crueldade, estabelecendo o trauma do ódio, o esgar da miséria e o golpe do crime.

Por isso mesmo estamos todos investidos de uma tarefa gigantesca para a execução da qual renascemos na carne muitas e muitas vezes. A sombra é estagnação, mas a luz é atividade incessante, queimando combustível ou consumindo energia.

É por esse motivo que a nossa Doutrina não é uma concepção de fácil, porquanto somos todos constrangidos à responsabilidade da edificação do céu em nós mesmos para que haja na Terra suficiente material para o reino de Deus.

A nossa Doutrina não é um arsenal de armas psicológicas para as conquistas da magia aviltante, de vez que todos somos compelidos a buscar a inspiração das Esferas Superiores, capaz de assegurar-nos a sublimação do caráter nos padrões de nosso Senhor Jesus Cristo. A nossa Doutrina não é um santuário simplesmente para o êxtase da adoração, porque somos todos convocados a duro trabalho de extinção das nossas próprias dívidas perante o passado, erguendo no imo da própria vida o recinto sagrado para a comunhão com Deus. A nossa Doutrina não é, em suma, um círculo religioso como tantos outros, elegendo, na segregação e na discórdia, a sua capacidade de sobreviver, porquanto o Espiritismo nos acorda para abraçar a humanidade inteira, estendendo os dons do Senhor a todas as criaturas, de maneira a entrosar-nos com a Justiça Divina, que manda conferir a cada um de nós segundo as próprias obras, e a familiarizar-nos com o amor como sistema de vida em nossas relações uns com os outros. Porque só o amor é suficientemente grande para revelar-nos cada criatura no degrau evolutivo que lhe é próprio, ajudando-nos, a fim de que nossa fé não se converta para os outros em exigência asfixiante.

Achamo-nos, pois, de posse da luz espiritual que nos descerra a Criação infinita. E não podemos nos esquecer da nossa função de depositários dessa luz, para que as sombras gradativamente se extingam no campo da luta humana, anulando, por fim, nosso antigo comércio com as linhas inferiores da evolução e soerguendo-nos a alma dos vales da morte para as alturas da vida.

Não podemos olvidar que são, simplesmente, de ontem a escravidão dos homens livres entre os povos mais cultos, a pilhagem legalizada no mar, os processos inquisitoriais em religião e o duelo consagrado entre os homens, e que são de hoje a destruição em massa, o saque, a violência e o menosprezo à honra individual na guerra moderna, os problemas raciais, a pena de morte e o lenocínio...

Basta a lembrança de semelhantes flagelos para entendermos a nossa tarefa de semeadores e seareiros da luz divina, começando pelo exemplo que educa o coração, a fim de que se nos valorize a palavra que instrui a inteligência.

Cremos que por isso o insígne codificador de nossos princípios, Allan Kardec, estabeleceu a nossa Doutrina por inspiração de Jesus sobre os fundamentos da religião, da filosofia e da ciência, tomando por lema a sua abençoada trilogia: trabalho, solidariedade e tolerância. Trabalho que proceda da ciência corretamente interpretada como sistema de respeitáveis realizações do espírito, solidariedade que provenha da filosofia como estudo racional da verdade, e tolerância como sendo a religião do amor em si mesma, do amor que é substância da própria vida, orientando-nos para a suprema integração com o Pai Supremo, Vida de nossa vida e Ser do nosso ser.

Sejamos, pois, fiéis aos nossos compromissos na causa que nos irmana, e que Deus nos abençoe!

Barros Fournier

Presentes: *Arnaldo Rocha, Ênio Santos, Elza Vieira, Francisco Gonçalves, Antônio Inácio de Melo, Geni Pena Xavier, Francisco Teixeira de Carvalho, Francisco Cândido Xavier, Edmundo Fontenele, Olga Leal Peduto, Eunice Cerqueira, Aderbal Nogueira Lima, Zínia Orsine Pereira, Geraldo Benício Rocha, Laura Nogueira Lima, Waldemar Silva e Esmeralda Bittencourt.*

Comunicação recebida pelo médium *Geraldo Benício Rocha.*

Falando a sacerdotes desencarnados

Louvemos a Jesus, nosso Senhor!

Meus irmãos, em verdade, o Senhor disse: "Eu não vim trazer a paz, mas a divisão". E a sua espada desembainhou-se e os seus discípulos desembainharam-nas também. Fomos todos chamados e desembainhamos também a nossa espada e nos esforçamos pelo bom combate, mas esquecemos de verificar os companheiros que tinham a marca do Cordeiro. Trouxemos outra marca e por ela nos embrenhamos e nos destruímos. E aquela palavra sábia e orientadora, que através dos séculos e das gerações clama por nosso entendimento, ainda hoje nos encontra desagregados e desorientados, de espada na mão, sem trabalharmos pelo bom combate.

Separamos corações, separamos interpretações, separamos religiões e não combatemos os erros, a intolerância, o interesse monetário, o sectarismo e os desentendimentos na nossa própria casta. A espada que o Senhor desembainhou é a palavra de paz, de harmonia e de entendimento, o símbolo divino por ele adotado. O Cordeiro de Deus não veio até nós para que se dividissem os homens em nome do Evangelho, mas como símbolo de sacrifício para que até à própria imolação sejamos levados para exemplificar com amor, com virtude e com dignidade a nossa missão de apóstolos da hora nona.

O nosso coração lastima profundamente a ilusão que ainda nutris, apesar de despidos dos despojos materiais. É nesta hora, em que se aproxima a semana da paixão daquele que por nós derramou seu sangue para nos redimir, para nos elevar, para nos congregar, para nos enaltecer e consolar, salvar, iluminar as nossas almas, que eu venho como companheiro de outrora, como companheiro que perambula pelas mesmas estradas da vossa vida, que é nossa vida, dirigir-vos a minha palavra de meditação e de esperança, a fim de que possamos unificar os nossos sentimentos, orientar melhor a nossa força para uma igreja maior, para uma igreja mais alta, para uma interpretação mais consoladora, para uma iluminação pura, diferente do sectarismo que nos tem animado.

Em toda parte, onde as lágrimas das mães correm nas aflições da formação dos caracteres dos seus filhos, aí está a igreja de nosso Senhor Jesus Cristo. Na beira da forja, onde o carvão, estilhaçando, queima o rosto do homem que funde o ferro, amoldando-o, dentro da arte, aí está a igreja santa do Senhor Jesus. Nos golpes da enxada na terra ressequida ou úmida, no suor que irriga essa mesma terra, na espiga cheia de grãos aloirados, na colheita abundante está a igreja divina do Senhor Jesus. Em toda parte, onde os homens e as mulheres lutem, trabalhem, criem e aperfeiçoem, chorem ou dignifiquem qualquer labor está a igreja divina do Senhor.

Embainhemos a espada sectária que desembainhamos outrora para empunhar o Evangelho do trabalho com a palavra da consolação e da caridade. Por mais nos esforcemos para erguer das catacumbas a igreja de Roma, ela passará sobre a nossa consciência com a bagagem do seu ouro e da sua injustiça a desfigurar a lição simples do Evangelho do Cristo.

Irmãos, a interpretação de agora não é espiritista ou esoterista, a interpretação é, simplesmente, cristã! O que valem as insígnias das vossas vestimentas? O que valem todas as pompas e títulos a que nossos cargos faziam jus? Tornamo-nos espíritos errantes nas estradas da vida à maneira de brutos desencarnados, sem a bênção da evangelização. Os companheiros que aqui se congregam, ministros sem capelas, pastores sem varas e sacerdotes sem tonsuras são tão dignos ou mais dignos que nós outros, que muito recebemos e nada soubemos dar.

Estamos, nesta noite, arrostando as dificuldades de uma comunicação mais direta convosco, materializando a nossa voz a fim de impulsionar-vos para o coração sacratíssimo de nossa Mãe Imaculada, Senhora de todas as virtudes e consolações, a fim de que, muito breve, possamos erguer uma espada de justiça que destrua os nossos erros e interpretações falaciosas, associando-nos aos companheiros que aqui se reúnem para orientarmos a própria vida e a daqueles irmãos que têm os olhos voltados para nós, a nos pedir esclarecimento e reconforto. Só o Evangelho, meus filhos e meus irmãos, pode consolar as nossas almas! Só no esquecimento do passado cheio de erros clamorosos, só na destruição do personalismo que vive em nós poderemos alcançar a paz que tanto almejamos! E na exiguidade do tempo que se me permite, neste instante, suplico ao Senhor da Misericórdia Eterna nos ajude na tarefa em que nos empenhamos. De joelhos, roguemos à Senhora consoladora, à Senhora soberana de todos os aflitos e de todos os necessitados, advogada nossa, para que nos ampare e nos oriente, permitindo-nos novos entendimentos nesta casa e em outras casas onde o Evangelho de seu divino Filho é um farol para nortear as criaturas cheias de deveres e de responsabilidades como nós outros, que nos resvalamos por interpretações diferentes.

Paz a todos vós, irmãos! Luzes ao vosso espírito!... É a súplica constante que do meu coração de irmão mais velho e responsável por vós parte neste momento. A vós, amigos, que me acolheis com a bondade de companheiros e de irmãos caridosos, a minha solicitação de auxílio no empreendimento que se me oferece. E agradeço a Deus, o Supremo Senhor, pela oportunidade que me concedeu, saudando-vos, a todos, em nome do divino Jesus que nos congrega.

O vosso servo humilde,

Silvério Gomes Pimenta

Presentes: *Arnaldo Rocha, Ênio Santos, Elza Vieira, Francisco Gonçalves, Antônio Inácio de Melo, Geni Pena Xavier, Francisco Teixeira de Carvalho, Francisco Cândido Xavier, Edmundo Fontenele, Edite Malaquias Xavier, Olga Peduto, Aderbal Nogueira Lima, Zínia Orsine Pereira, Geraldo Benício Rocha, Waldemar Silva, Esmeralda Bittencourt e Luiz Peduto.*

Comunicação recebida pelo médium *Geraldo Benício Rocha.*

Reajuste

Falo-vos não porque deseje exibir-me ou fazer-me notado, mas como soldado que fui de nossa causa, como subordinado diante daqueles que são, realmente, superiores.

Louvemos ao Senhor nas comemorações que se aproximam!

Infelizmente, para mim, outrora em épocas semelhantes, no congraçamento de confrades ilustres, a minha palavra se destacava com ênfase, rebuscando nos arquivos dos meus conhecimentos a expressão burilada dentro da gramática, perfumada de retórica e enobrecida de elegante ornamentação, fazendo com que todos me supusessem um homem de coração evangelizado.

No transcurso das palestras, inflamava-se-me a dialética. Movimentava os sinônimos com galhardia. Buscava figurações de estilo na serenidade das águas, na beleza das flores, na comparação da música e da arte, associando a natureza ao Evangelho, ao Espiritismo e à mediunidade.

No fundo, porém, não passava de um falsário. Iludia a mim

mesmo. Eu era apenas soldado desertor da conduta reta, sacerdote que não sentia no coração a verdade que eu apregoava, cego que tropeçava nas próprias imagens criadas pela minha inteligência, criminoso que destruía com o meu proceder a concepção de uma vida nova que formava com a minha palavra ilustrada e cheia de retórica!...

Mas a espada de Dâmocles pendia sobre a minha cabeça. E a morte veio e ceifou-me. Desde então venho sofrendo os resultados do meu perjúrio, da minha traição ao Evangelho, da pusilanimidade do meu espírito, entre os fantasmas de quantos me pedem conta do que eu lhes havia prometido, cobrando-me as grandezas que eu lhes havia mostrado, suplicando que eu lhes dê a água cristalina das minhas promessas ou exigindo-me a bênção das páginas evangelizadoras, a me descerrarem a alma repleta de frio pelas desilusões de minha palavra. E tenho pago minha culpa qual desesperado à procura de consolação.

Ouço agora as trombetas que anunciam no espaço uma festa auspiciosa! Por onde passo, vejo crianças felizes, preparando cânticos de glória ao codificador. Então a minha alma, como a lesma em pesadelo nas trevas, despertou. A peçonha que me enrodilhava, babacenta, nauseabunda, caiu. Acordei e ouvi que em toda parte se fala de Allan Kardec. Allan Kardec, o codificador!...

Transportei-me àqueles dias de fausto e de entusiasmo em que as assembleias me recebiam com honras que eu acreditava devidas ao meu título e ao meu cargo, já que os corações sofredores aguardavam reconforto pela minha palavra farta de sinônimos e bela de expressão, mas vazia de sentimentos. E foi tão grande a misericórdia do Senhor, que eu aqui me encontro! A vossa prece e o vosso carinho como que esfolou as escamas da sombra que ainda trago, ressuscitando o homem mentiroso que fui e que comparece diante de vós à feição de um mendigo-fantasma, a implorar uma esmola de amor, que me destes, enchendo-me a alma e o coração.

Bebi da água pura de vossas orações e reencontrei-me. Quanto tempo vaguei na obscuridade de minha dor não sei dizer... Perdera a noção de mim próprio como quem desce a tremendo pesadelo de aflições para somente acordar ao brilho da comemoração kardequiana! Despertei e sofri mais intensamente até que a vossa prece me balsamizasse. Eu, que era um falsário das minhas próprias ideias, eu, que traía o próprio nome – pois que assinava "da Paz" –, sendo portador da guerra da sombra, hoje aqui me encontro rendendo graças a Deus! A verdade reaparece para minha alma! A esperança e o arrependimento retornam ao meu espírito! Encontrei a paz e venho, nesta noite, à guisa de colaborar na comemoração kardequiana, não agradecer, mas suplicar-vos a continuação desta ajuda com que me transferistes da posição de réprobo à de colaborador? Não... De servidor? Também não... Graças a Deus, porém, destes-me a posição de socorrido e nessa posição lembro-vos a extensão de nossa responsabilidade empunhando o Evangelho para falar em nome do Senhor.

Fala-se aquilo de que o coração está cheio, se não me foge a citação. Mas se o coração está cheio de pureza e de amor, de pureza e de amor inundamos o nosso caminho. Se o coração está cheio de lealdade, plantamos a lealdade e a lealdade encontramos. Mas se possuímos apenas retórica e mentira, nosso verbo, com o tempo, é semelhante ao cabo elétrico de alta tensão partindo sobre nós mesmos, impondo-nos perturbação e morte.

Hoje posso falar-vos da paz, porque estou aprendendo a buscá-la. Posso falar-vos da humildade e do amor, porque estou buscando construi-los em mim. Não estou ferindo a lei. Estou transmitindo aquilo que o meu coração agora sente. Que o exemplo e que a experiência que me fustigam nos sirvam de advertência, é a súplica que, neste instante, endereço a Deus.

Que o Senhor nos abençoe.

Manoel da Paz

Presentes: *Arnaldo Rocha, Ênio Santos, Francisco Gonçalves, Geni Pena Xavier, Francisco Teixeira de Carvalho, Francisco Cândido Xavier, Edmundo Fontenele, Elba de Castro, Aderbal Nogueira Lima, Zínia Orsine Pereira, Geraldo Benício Rocha, Laura Nogueira Lima, Áurea Gonçalves, Waldemar Silva e Alcides de Castro.*

Comunicação recebida pelo médium *Geraldo Benício Rocha.*

Falando a companheiras desencarnadas

Chamada a dirigir a todos quantos se encontram nesse campo de vibrações antagônicas e de sofrimentos, na saudade cruciante do lar distante, na dor pungente a dilacerar a alma, a saudade, enfim, daqueles que constituíram na Terra a razão mesma de viver, nós vimos neste momento buscar no Evangelho, nos livros sagrados, as expressões capazes de fortalecer vosso ânimo, de modificar a vossa mente e iluminar os vossos caminhos, curando as chagas dos vossos corações para que, numa jornada mais ou menos próxima, possais formar o vosso lar com aquelas estrias luminosas de fé, de esperança e de consolação.

O Senhor, por um de seus enviados, conhecidos como profetas, disse: "Se Deus estiver conosco, quem contra nós poderá estar?"

Não sei como constituístes os vossos lares, sei apenas que fostes mulheres. Como se fôsseis apenas flores, destes perfume, mas de um perfume que se exalava, expargia do externo, sem que do íntimo d´alma, dos recessos da feminilidade, que é ser mãe educadora, exemplo de ternura e de amor, de paciência e de fé, existisse realmente o frasco divino, onde a essência do amor pudesse purificar o ambiente para o qual fostes chamadas a moldar, construir, formar caracteres delicados, sensíveis, amoráveis, obedientes, dóceis aos ensinos do Senhor e que se guiassem pelos vossos próprios ensinos. Nada disso foi feito, infelizmente, e assim é na generalidade de quase todos os lares na Terra em que vivemos, em que vivestes, em que viveremos ainda!

O culto externo preocupa-nos. A formação de um altar doméstico, de um altar no íntimo d´alma, onde os nossos filhos vêm oscular no exemplo construtivo de uma personalidade cheia de pensamentos elevados, positivos ao ponto de auxiliá--los nas lutas da vida, não é tido em mente e nem entra na meta quando nos entregamos aos nossos devaneios femininos. Vem a morte, traga-nos a vida física. Somos surpreendidas na imensidão do mundo, que continua a nos exigir os patrimônios que o Senhor nos legou. Então, aquela expressão do Senhor –"Eu vim para que pudésseis ter vida abundante"– surge em nossa mente como que numa rememoração do compromisso assumido e o desespero então apodera-se da nossa alma conturbada, desesperada, e lembramo-nos de que seguimos apenas a vaidade e de que as expressões que nos embalaram os melhores propósitos foram traídos ao reencarnarmos.

"Eu vim para que tivésseis vida abundante..." – a palavra do Senhor, porém, não foi o lema da nossa existência, porque não tivemos a vida abundante de fé nem de bons exemplos, nem de confiança, nem de arrependimento dos nossos erros pretéritos.

Tivemo-la, sim, cheia de vaidade, cheia de preocupações sociais, de projeções na vida da sociedade, que é efêmera, como é efêmero o perfume das flores com que nos adornamos. Eis, pois, a desilusão que vos congrega agora, as lágrimas que rolam das vossas faces, como que caldeando uma nova mentalidade, como que espargindo em vossos espíritos a dor da culpabilidade de terdes sido mulheres e não mães, mulheres e não esposas, mulheres e não educadoras, dentro dos princípios divinos, pelos quais deveríamos aceitar a dignidade de um corpo feminino.

Agora, pois, resta-nos uma consolação.

"O Senhor é nosso pastor e nada nos faltará", disse-nos ainda outro grande profeta. Voltemos para ele os nossos olhos e as nossas esperanças, que as nossas dores sejam balsamizadas pela consoladora certeza de que o pastor não permite que o seu rebanho tenha fome, tenha sede, fique exposto aos raios candentes do sol, não permite que o lobo faminto dizime o seu rebanho.

Voltemos confiantes para o Senhor, que é o nosso pastor. Busquemos a sua experiência para que nos conduza a campos verdejantes e a fonte de águas vivas vos dessedente. Essas expressões traduzem o desejo de acordar na vossa alma, com o símbolo de que o Senhor é o nosso pastor, a certeza de que Jesus é o pastor supremo e divino que vos conduzirá a novo lar, a nova experiência, onde o vosso seio seja rasgado e o divino leite materno crie com amor, dentro dos princípios salutares e sacrossantos da evangelização, novas mentalidades, aquelas mesmas que foram causa dos vossos desvios. E que a concepção da vida futilíssima, da vida adornada de perfumes e de flores, mas vazia de sentimentos, não mais seja a vossa preocupação. Só assim, só nessa expectativa, só nessa confiança perante o Senhor, no desejo mesmo da reforma do vosso espírito, podereis aliviar as vossas dores. A nossa prece – a prece dos irmãos que formam esta corrente divina, que vos trazem até aqui como se fôsseis apanhados por uma poderosa rede eletrônica –, é tão suave e tão sutil que apenas representará perfume indelével no vosso espírito, um bálsamo salutar nas vossas almas doloridas.

Não tem ela, no entanto, o poder de modificar o vosso estado atual, porque de nós depende a nossa própria felicidade. Do vosso coração depende a vossa tranquilidade no futuro. Da vossa mente depende a escada luminosa pela qual devemos subir e iluminar com os nossos próprios exemplos, com os nossos próprios atos, a formação do novo lar, que é sempre o cadinho a formar, burilar as nossas almas e as daqueles em que em nosso seio e em nossa vida devam erigir nova vida, elevando os seus melhores pensamentos a Jesus, nosso Senhor, e à sua divina, à nossa divina Imaculada Mãe e misericordiosa Senhora.

Quanto, pois, podia, neste momento, transmitir aos vossos corações de mães aflitas, desajustadas e desconsoladas o fiz na certeza de que a Senhora soberana muito mais poderá fazer se, com fé, disserdes como todos nós agora: "Ó Maria, mãe de infinito amor e misericórdia, por nós rogai agora e em todos os momentos de nossas angústias!"

Que assim seja.

Violeta Odete

27ª reunião | 2 de maio de 1957

Presentes: *Arnaldo Rocha, Ênio Santos, Elza Vieira, Laura Nogueira Lima, Francisco Gonçalves, Geni Pena Xavier, Francisco Teixeira de Carvalho, Geraldo Benício Rocha, Edmundo Fontenele, Edite Malaquias Xavier, Aderbal Nogueira Lima, Francisco Cândido Xavier, Zínia Orsine Pereira, Áurea Gonçalves e Waldemar Silva.*

Comunicação recebida pela médium Zínia Orsine Pereira.

Arrependimento

Sabemos hoje que a humanidade passa por fase terrível, em que a honestidade e os bons costumes não têm mais lugar. Os filhos não querem obedecer aos pais e estes não sabem mais como dirigir os filhos. A mulher, revoltada, pensando em se libertar do jugo da escravidão, perdeu a calma, tornou-se altiva demais e se entrega a excessos e prazeres, os mais nefastos. Não obedecendo à lei da maternidade, foge também às suas mais comesinhas obrigações. Ela obtém a fama e o triunfo pela nudez da forma física. E o homem, inconsequente, bate-lhe palmas, no mesmo desequilíbrio. A vaidade penetra-lhe o coração e ela, desorientada, menosprezando a sua dignidade e as leis mais sagradas, cai, como eu mesma, na triste escuridão de uma vida desregrada.

O homem não tem noção mais das suas responsabilidades e anda somente à cata dos prazeres imediatistas. A criança não tem uma direção segura, porque o adulto também está sem rumo, sem fé e sem Deus no coração.

Eu também fui mal orientada. Nasci mal, vivi mal e morri mal. Fui o fruto apodrecido da vaidade e do orgulho, adubado pela falta do conhecimento de Deus. Errei muito. Louca, no meu desvairamento recorri ao suicídio, acreditando livrar-me do meu sofrimento, mas ai de mim! Foi muito pior a deserção, porque só aumentou a minha amargura. E é por isso que eu aqui venho pedir a vocês que pensem muito em Deus, que tenham cuidado contra os assaltos da vaidade e com os do orgulho. Os pais dirijam carinhosamente os seus filhos. As esposas respeitem seus maridos e estes protejam e amem as suas mulheres para que não lhes aconteça o que aconteceu a mim.

Destruí a minha vida e sofro até hoje. Durante muito tempo, pensei que o meu infortúnio fosse eterno, mas a esperança num Deus misericordioso faz-me corajosa para enfrentar a nova luta.

Preciso voltar à Terra e ter forças para não sofrer mais. Onde poderei encontrar quem me receba, se as mulheres não querem mais filhos? Se todas seguirem o meu exemplo, onde poderei encontrar guarida?

Peço ao vosso grupo me ampare com as suas orações. O espírito, quanto mais compreende a grandeza de Deus e se esclarece, mais culpado ele se acha e mais amarguras sente por não ter sabido cumprir com seus deveres na Terra. É o que me acontece agora. Preciso muito que vocês me ajudem a buscar mais calma e mais fé para o novo rumo a seguir.

Arrependida e ansiosa de reabilitação à frente do futuro, rogo-lhes o amparo da oração em favor de vossa infeliz irmã.

Sílvia

Presentes: *Arnaldo Rocha, Ênio Santos, Elza Vieira, Francisco Gonçalves, Geni Pena Xavier, Francisco Teixeira de Carvalho, Geraldo Benício Rocha, Edmundo Fontenele, Antônio Inácio de Melo, Áurea Gonçalves, Francisco Cândido Xavier, Zínia Orsine Pereira e Waldemar Silva.*

Comunicação recebida pela médium *Zínia Orsine Pereira.*

Página de bom ânimo

Amigos, muita paz!

Ante o livro da natureza, que sempre recapitula os seus ensinamentos em nosso favor, para que aprendamos nas suas páginas a lei do amor, da renúncia e do sacrifício, cumpre-nos o dever de repetir, às vezes, as lições aqui aprendidas, em nosso benefício e de acordo com as necessidades dos nossos irmãos que nos visitam. E é por isso que os nossos apelos fraternais hoje são, com maior particularidade, destinados aos irmãozinhos desencarnados que aqui se reúnem. Eles vêm estudar conosco e adquirir a certeza de que somente com o trabalho construtivo na prática do devotamento e da abnegação alcançaremos a nossa paz espiritual, que mesmo sofrendo estamos amparados pelo amor que cobre a multidão de pecados e que por esse mesmo amor jamais seremos condenados a penas eternas e que por ele, ainda, é que nos foi revelada a grande lei da reencarnação, base sublime de excelsa misericórdia do Pai.

Em razão disso, jamais nos poderemos revoltar contra as nossas provas, mas, antes, agradecer as oportunidades que, pelos Céus, nos são dadas.

Pergunte ao homem que sofre aonde está Deus que não lhe atenua o sofrimento. Para o seu coração atordoado pelas tempestades da vida, só há duas possibilidades: a de ser feliz, acreditando num Deus bom, ou sofrer duvidando da existência do Pai.

Ouvimos sempre criaturas rebeldes que afirmam que Deus criou a humanidade e relegou-a ao sofrimento e à dor, no entanto, aqui estamos, por mercê de Deus, para trazer o sol da esperança aos corações feridos e aparentemente abandonados. As nossas dores, resignadamente suportadas, são luzes acesas em nossos caminhos e, por isso, disse o Mestre: "Bem-aventurados os que sofrem, porque serão consolados".

Sim, meus amigos, eu, que nada havia feito aí na vida terrena, recebi dos homens morte idêntica à daquele que é o Caminho, a Verdade e a Vida. Ao expirar numa cruz, eu rendia graças ao Pai por merecer aquela prova, achando-me indigno de seguir pela mesma trilha por que passou, um dia, o Amor dos amores no calvário. E não supunha eu que aquele gênero de morte expungia uma grande mancha que turvara a minha alma em outra vida, afogada na ilusão do poderio humano. E não supunha ainda que os homens que me torturavam eram instrumentos sagrados para a minha própria elevação.

Hoje, agradeço ao Pai, como todos os dias o faço, suplicando-Lhe possibilidades de ajudar àqueles que faliram como eu ante a glória do amor e da humildade. É o que sói acontecer na vida espiritual. Desejamos e pedimos sempre para auxiliar àqueles que caem vitimados pelas mesmas enfermidades morais que nos fizeram sucumbir.

Coragem, pois, amigos! A fé é o nosso baluarte. Deus é nosso pai. E Jesus é o doador da paz, abençoando-nos com o seu grande e infinito amor. Paz!

Salvador de Alencar

Presentes: *Arnaldo Rocha, Ênio Santos, Elza Vieira, Francisco Gonçalves, Laura Nogueira Lima, Geni Pena Xavier, Francisco Teixeira de Carvalho, Geraldo Benício Rocha, Edmundo Fontenele, Edite Malaquias Xavier, Aderbal Nogueira Lima, Francisco Cândido Xavier, Zínia Orsine Pereira, Áurea Gonçalves e Waldemar Silva.*

Comunicação recebida pela médium *Zínia Orsine Pereira.*

Palavras
de gratidão

As tragédias e os sofrimentos se sucedem tanto aí quanto aqui. E o casos tristes, iguais ao meu, se repetem quase todos os dias.

No lugar onde tenho estado é bem pior do que aí na Terra, porque aqui todos sofrem e muitos, sem esperanças de melhores dias. No meio deles estou, mas agora com um pouco de calma e mais compreensão, graças a Deus!

Eu quero agradecer a todos que neste pronto-socorro me receberam carinhosamente. Fui trazida até aqui tão desesperada e tão aflita!... Saciaram-me a sede com a água milagrosa da prece de que vocês aqui dispõem, e me entregaram a uma companheira que tem sido, para mim, mais do que amiga – uma verdadeira mãe, dedicada e boa. Nem sei como mereci tanto amparo! E agora procurarei estar sempre digna desse mesmo alívio.

A minha benfeitora tomou-me pela mão e, pacientemente,

me fez reconhecer o meu erro e a minha rebeldia. É que eu não queria deixar o meu marido, com receio de que outra me ocupasse o lugar, absorvendo-lhe o carinho. Imaginem vocês, eu, com dezenove anos, inteiramente feliz, e arrancada, impiedosamente, do meu lar por parto prematuro!... O desespero dominou-me o coração e, cega, passei a odiar a todos e a prejudicar aquele que na vida era tudo para mim. Revoltava-me a ideia de Deus ter-nos separado para sempre e eu perguntava: por quê? Para quê? Que injustiça era aquela?

Foi nesse estado que fui trazida aqui, mas tive a sorte de me deparar com um coração nobre de mulher, que se condoeu da minha incompreensão e tem procurado me corrigir e ensinar. Disse-me ela que é cedendo que a gente ganha e que só com a humildade e o trabalho podemos conseguir o que mais sonhamos. Disse-me que me trouxe até aqui por ser este pronto-socorro instituído para medicar os enfermos. E acrescento, por minha vez, que este aqui é para as enfermidades da alma, que são muito mais profundas e dolorosas!...

Tranquilizou-me, afirmando que possuímos, neste santuário, verdadeiros sacerdotes do dever da caridade e do amor, sustentando-nos o espírito. Eu tinha horas de calma, dias de revolta e de rancor, mas, aos poucos, fui vencendo e agora sei que ninguém sofre sem merecer. Deus é infinitamente bom e vivemos várias vidas! A minha amiga vai conduzir-me a ensinamentos em outras escolas e disse-me que só poderei voltar aqui quando estiver completamente desprendida dos laços carnais, quando puder auxiliar a todos, indistintamente, e puder fazer o bem àqueles aos quais já fiz sofrer. Afirmou-me a bondosa protetora, a querida Meimei, que esta é a lei divina e que só quem a cumpre integralmente poderá ser feliz. E que somente o nosso coração é aliviado do fel que dele transborda com a prática do sacrifício, da renúncia, da humildade e do perdão.

Seguirei com ela. Irei aonde for preciso.

"Deus lhes pague", diz a minha protetora.

E eu repito: Deus lhes pague!

Maria Alves

30ª reunião | 23 de maio de 1957

Presentes: *Arnaldo Rocha, Ênio Santos, Elza Vieira, Laura Nogueira Lima, Geni Pena Xavier, Francisco Teixeira de Carvalho, Geraldo Benício Rocha, Edmundo Fontenele, Edite Malaquias Xavier, Lucília Xavier Silva, Aderbal Nogueira Lima, Francisco Cândido Xavier, Zínia Orsine Pereira, Waldemar Silva, Alvina Pereira e José Gonçalves Pereira.*

Comunicação recebida pela médium *Zínia Orsine Pereira.*

Remorso de mulher

Quando eu vivia aí na Terra não me misturava com os infelizes nem com os pobres. Evitava tudo que pudesse me afligir ou preocupar. A minha vida era muito feliz e muito calma. Mas não sei por que, nem como, certo dia fui despertada no meio de tanta gente sofredora, onde todos gritavam e ninguém se entendia. Fiquei atordoada também. O que teria acontecido? Não tinha notícias do meu lar e sabia que estava no meio só de estranho! Quando procurava saber o que me tinha acontecido, gargalhadas estridentes e respostas irônicas atassalhavam-me o coração. Pensei então: teria morrido? Estaria jogada no purgatório? Mas a vida era tão passageira assim?... Que seria a morte? Mas aturdida, sem saber como agir, atormentada pelo desassossego, por uma noite que parecia não ter fim, cansada de chorar e de sofrer, insultada por todos os que me cercavam, fui, aos poucos, chegando à triste conclusão da realidade em que me achava. Tinha sido uma mulher egoísta, dura, indiferente ao sofrimento alheio e vivia encastelada na minha própria felicidade. Isolei-me de todos os sofrimentos, agora estava cruelmente abandonada no meu sofrer. Por meu mal, e para maior perturbação do meu espírito, eu havia morrido repentinamente, sem o toque da dor que me poderia alertar, sem o bafejo da enfermidade que devia despertar meu coração da letargia em que me achava.

Para quem apelar agora? Como fazer?

Acovardada à frente da situação, lembrei-me da minha meninice e no auge da minha dor, num grito de amargura, lembrei-me das orações que fazia com minha mãe. Chamei-a e não tardou que, sem vê-la, ouvisse a sua voz bem perto de mim!

Aconselhou-me muita fé e humildade. Oramos juntas. Daí pra cá, mais amparada, mudei inteiramente de rumo e hoje só quero trabalhar e servir, porque conheci a minha falência.

Estou muito arrependida e quero ser útil a todos. Que o meigo Nazareno não me desampare na minha reabilitação e que eu tenha forças para trocar o repouso e o bem-estar de outrora pelo trabalho e pelo sacrifício na prática do bem. Que os espinhos da minha indolência sejam transformados pelos meus esforços em flores de carinho, para que as crianças de amanhã encontrem o aconchego maternal que tanto lhes tem faltado e a educação moral para que não venham a errar como eu errei. Que eu tenha forças para levar a paz aos lares, para que os espíritos do Senhor possam encontrar em mim o apoio de que precisam para o grande trabalho de evangelização das almas.

Enfim, rogo a Deus para que todos os espíritos encarnados em corpo de mulher possam ter renúncia e abnegação para não chorarem como eu, durante quase meio século. Agora quero trabalhar. O que tenho aprendido devo um pouco a vocês também, porque venho aqui sempre. Ajudemos nossas companheiras, meus amigos, com as nossas preces e com as nossas vibrações de amor, para que elas, abençoadas por Deus, enfrentem com coragem a grande luta do dever e da humildade.

Que o Senhor nos ajude sempre.

Maria da Anunciação

Presentes: *Arnaldo Rocha, Ênio Santos, Elza Vieira, Geraldo Benício Rocha, Geni Pena Xavier, Edmundo Fontenele, Aderbal Nogueira Lima, Zínia Orsine Pereira, Waldo Vieira, Francisco Cândido Xavier, Francisco Teixeira de Carvalho, Francisco Gonçalves e Lucília Xavier Silva.*

Comunicação recebida pela médium *Zínia Orsine Pereira.*

Em louvor à oração

Depois que o espírito atravessa as fronteiras da morte poderá compreender, com mais intensidade, o grande valor e os suaves benefícios de uma prece brotada do coração. A criatura que ora com sinceridade e fé representa uma fonte de luz a se derramar sobre todos os que sofrem, iluminando os aflitos, enxugando as lágrimas dos que choram e curando as chagas dos que padecem. A prece é luz, é calor, é vida. E de quantos modos, meus amigos, poderemos orar? Aquele que recebe uma afronta ou calúnia, e eleva o seu coração ao Pai, pedindo-Lhe perdão para o instrumento da sua dor, está em verdadeira prece. Quando alguém se curva, submisso, ao peso de uma grande dor moral ou física, ou se cala à frente da ingratidão ou do desengano, está, também, orando. Haverá maior prece do que a daquele que agasalha em seus braços e no seu lar a frágil criancinha órfã e desamparada? Tudo isso é prece que aclara a nossa estrada, suaviza as nossas angústias, ilumina os nossos espíritos! Busquemos esclarecimento às nossas incertezas, o bálsamo às nossas dores e o alimento para as nossas almas na fonte luminosa da oração. O Mestre disse que onde duas ou mais pessoas se achassem reunidas em seu nome estaria no meio delas. A promessa é sublime, a tocar-se de esplendor! Que os nossos atos de caridade, os nossos exemplos de paz, de tolerância e de união, que os nossos pensamentos de amor e fraternidade sejam preces contínuas, para que a nossa sementeira de luz corresponda aos anseios e à esperança daqueles que, amorosamente, nos dirigem!

Oremos, pois, meus amigos, em todos os instantes da nossa vida. Oremos com os pensamentos, com as nossas palavras e obras, porque assim encontraremos a grande luz que nos conduzirá os corações àquele que é o pastor de todas as ovelhas, o nosso amado e divino Mestre!

Cícero Pereira

Presentes: *Francisco Teixeira de Carvalho, Ênio Santos, Elza Vieira, Francisco Cândido Xavier, Lucília Xavier Silva, Geraldo Benício Rocha, Edmundo Fontenele, Edite Malaquias Xavier, Aderbal Nogueira Lima, Zínia Orsine Pereira e Waldemar Silva.*

Comunicação recebida pelo médium *Francisco Cândido Xavier.*

Mensagem de irmã

Meus amigos, que a paz de nosso Senhor Jesus Cristo reine em nossos corações!

Fala-vos humilde companheira, que militou em Cachoeiro do Itapemirim, de cuja experiência pode dar notícia o nosso Ênio. Não me comunico, porém, com qualquer propósito pessoal em minha visitação. Trago-vos apenas minha própria alma a derramar-se-me nas palavras singelas com o júbilo daquelas afeições que se reencontram sob a permissão do Senhor. Outros doutrinarão, nós conversaremos. Lembrar-nos-emos de alguns traços esquecidos de nosso movimento, como sejam, a construção do nosso caráter espírita para o dia de amanhã.

Recordaremos, assim, nossos deveres mais simples, aquela caridade da mão direita que se oferece sem que a esquerda o saiba. Caridade que não se resume à doação do supérfluo de nossa mesa, mas sim aquela que entrega a própria alma em função desse amor que nós fomos chamados a cultivar com o Mestre da Cruz. Desculpar em silêncio, sem nunca mais nos referirmos à ofensa. Cumprir os nossos deveres com alegria. Tolerarmo-nos, mutuamente, dentro do lar, naquela harmonia, por vezes, tão difícil de construir. Ajudar sem exigir o entendimento daqueles que as nossas mãos auxiliam. Olvidar, de maneira definitiva e sem qualquer condição, as pequeninas alfinetadas que recebemos, em nosso próprio benefício, no círculo daqueles a quem mais amamos. Cultuar cada dia a humildade, o serviço, a oração. Ser, realmente, bons uns para com os outros.

Por vezes, nós, os espíritas que precedemos nossos companheiros na grande viagem, percebemos, em quase toda parte, intensivo interesse na salvação obrigatória dos outros. Tanto tempo gasto em conversação sem proveito!... Tantas horas que despendemos, julgando àqueles cuja conduta não nos diz respeito à edificação espiritual!... Estamos, habitualmente, preocupados no exame dos outros, observando a consciência dos outros, a inclinação dos outros, a economia dos outros, a atitude dos outros e os passos dos outros, quando em matéria de nossas relações recíprocas fomos chamados a ajudar – ajudar a todos –, começando de nossa própria casa, plasmando o Espiritismo naqueles que nos acompanham de perto.

Por isso mesmo a nossa cartilha de pregação há de principiar com aqueles a quem Deus nos confia: nossa esposa, nosso esposo, nossos filhos, nossos pais, nossos irmãos, nossos parentes, nossos amigos... Caminharmos entre eles com a obrigação de elevá-los com o nosso próprio exemplo, através da assimilação da Doutrina abençoada que veio florir, em bênçãos, no campo de nossas almas.

No mundo, como o de agora, em que há corridas quase que intermináveis e quase todos os dias para determinados interesses materiais, acreditamos que nós, os espíritas, precisamos, algumas vezes, parar, de algum modo, para pensar. A grande obra, a obra fundamental de nosso movimento, é a da própria restauração de nós mesmos para nosso Senhor Jesus Cristo.

Tudo na vida pertence a Deus, sob a jurisdição de nosso divino Mestre. Nada possuímos senão a oportunidade que a Misericórdia Celestial nos confere, a fim de que possamos burilar nosso espírito para a comunhão com a divina Luz. É por esse motivo que, em nos comunicando, temos lágrimas nos olhos. Pranto de alegria, de confiança!... É uma velha amiga que volta. É um coração de mulher que sente na Doutrina Espírita um regaço de mãe... Mãe que nos perdoa, que nos afaga, que nos acolhe, perante a qual tantos deveres nos honram a fé, a esperança e o caminho...

Interpretamos Jesus em nossa casa, ponto nevrálgico de nossa redenção, tanto quanto nos círculos de nossos trabalhos e afetos, templo primeiro em que somos convidados a testemunhar a nossa aplicação de conhecimento superior.

Sirvamos, aprendamos e eduquemo-nos.

E aqui todos nós, os companheiros que vos precederam os passos, vos esperam para continuarmos a abençoada luta, como quem sabe que a evolução nos pede tempo, que o aperfeiçoamento definitivo reclama muitas experiências e que todos nós voltaremos outra vez à grande casa terrestre para refazer os nossos próprios trilhos, clareando-os, em definitivo, com a luz do Senhor, cuja glória pressente os que temos tanta dificuldade para realmente compreender.

Amintas Soares

Presentes: *Arnaldo Rocha, Ênio Santos, Elza Vieira, Francisco Cândido Xavier, Francisco Teixeira de Carvalho, Geni Pena Xavier, Lucília Xavier Silva, Geraldo Benício Rocha, Edmundo Fontenele, Edite Malaquias Xavier, Aderbal Nogueira Lima, Zínia Orsine Pereira, Francisco Gonçalves, Laura Nogueira Lima, Waldemar Silva, Artur da Silva Araújo, Manoel Pereira dos Santos e Maria Pereira dos Santos.*

Comunicação recebida pelo médium *Francisco Gonçalves.*

Bendizendo

A paz do nosso divino Mestre esteja sempre conosco, meus irmãos! Venho, por mais uma vez, dirigir-lhes minhas palavras simples, reconhecendo, com todo o meu coração, que é meu dever louvar ao Senhor nesta casa de amor, em que o Mestre Jesus nos restabelece a coragem e o bom ânimo, de modo a sustentarmos o nosso esforço de redenção.

Devo repetir-vos semelhantes afirmações porque sou um simples aprendiz, mas esse aprendiz que sou, com a bênção de Deus, vem se restaurando na escola do bem para saber amar.

Graças ao nosso Pai, estou assim, com o coração transbordando de alegria em conviver com vocês em mais este ato de caridade e intercâmbio, porquanto muito preciso ainda da comunhão com os amigos da Terra na recuperação de meu espírito, que por muitos séculos, no passado, não soube dirigir-se na construção da verdadeira fraternidade.

Bendigo, pois, as forças que estou adquirindo e rogo-lhes não me esqueçam, com o favor da oração, para que amanhã eu possa passar do agradecimento ao serviço com Jesus, nosso Mestre e Senhor!

Jerônimo Cardelli

Presentes: *Arnaldo Rocha, Ênio Santos, Elza Vieira, Francisco Cândido Xavier, Francisco Teixeira de Carvalho, Geni Pena Xavier, Lucília Xavier Silva, Geraldo Benício Rocha, Edmundo Fontenele, Laura Nogueira Lima, Aderbal Nogueira Lima, Zínia Orsine Pereira, Francisco Gonçalves, Waldemar Silva, Manoel Ferreira dos Santos e Maria Pereira dos Santos.*

Comunicação recebida pelo médium *Francisco Gonçalves.*

Amor e oração

Meus queridos irmãos, venho dar de meu próprio espírito uma singela página pela vontade de amar.

Amar é realmente orar, porque amando com amor puro sentimos Deus em nossa alma estabelecendo em nós a sublimação pessoal.

Imaginem vocês que por muitas vezes orava na Terra, mas sem o sentimento divino do amor no coração. Somente aqui cheguei a reconhecer que as minhas longas preces no mundo eram, assim, como leve pingo d'água no mar. Não tinham eficácia alguma, porque eu não sentia no espírito aquilo que repetia com os lábios. Hoje, pois, lamento o tempo perdido, percebo que temos necessidade da aflição e da dor para que nos retirem da indiferença, despertando-nos o coração para a fé verdadeira. Somente através das grandes aflições da vida é que nós aprendemos a valorizar o amor e a orar fervorosamente. Por isso digo aos meus irmãos não para formular ensinamentos, mas para aprendermos juntos as lições da vida, que devemos bendizer o sofrimento, porque por ele preparamos o coração para viver com Jesus.

Jerônimo Cardelli

Presentes: *Arnaldo Rocha, Ênio Santos, Elza Vieira, Laura Nogueira Lima, Geni Pena Xavier, Lucília Xavier Silva, Francisco Teixeira de Carvalho, Geraldo Benício Rocha, Edmundo Fontenele, Antônio Inácio de Melo, Edite Malaquias Xavier, Aderbal Nogueira Lima, Francisco Cândido Xavier, Francisco Gonçalves e Waldemar Silva.*

Comunicação recebida pelo médium *Francisco Gonçalves.*

Paz

Paz é o símbolo da perfeição,
Estrada excelsa de redenção.
Cultivando-a no caminho
Eis que Jesus, com carinho,
Guarda-nos sempre no coração.

Bendigo a todos os que me ouvem
Com tolerância fraternal.
Desejo, em prece a cada um,
A paz da vida universal.

Josias Aquiles

Presentes: *Arnaldo Rocha, Ênio Santos, Laura Nogueira Lima, Geni Pena Xavier, Francisco Teixeira de Carvalho, Lucília Xavier Silva, Geraldo Benício Rocha, Edmundo Fontenele, Antônio Inácio de Melo, Edite Malaquias Xavier, Aderbal Nogueira Lima, Francisco Cândido Xavier, Elza Vieira e Waldemar Silva.*

Comunicação recebida pela médium *Elza Vieira.*

Alma em súplica

Amado e divino Mestre, que eu possa, Senhor, suplicar as suas bênçãos de tolerância e misericórdia para com esta criatura que eu sou, necessitada e penitente, que não soube, Senhor, bendizer as sublimes oportunidades que recebeu na Terra!...

Jesus, perdão, eu lhe peço! E rogo-lhe forças para que eu possa prosseguir na caminhada redentora.

Que eu possa, Senhor, restituir a paz de todos os lares que me sofreram a influência destruidora, cuja beleza não soube respeitar. Perdão, Senhor, mais uma vez suplico, em lágrimas, para que eu possa purificar-me no sofrimento, louvando o pranto e abençoando a dor.

Madalena Maria

Presentes: *Arnaldo Rocha, Ênio Santos, Francisco Gonçalves, Laura Nogueira Lima, Geni Pena Xavier, Francisco Teixeira de Carvalho, Geraldo Benício Rocha, Edmundo Fontenele, Antônio Inácio de Melo, Edite Malaquias Xavier, Aderbal Nogueira Lima, Elza Vieira, Waldemar Silva, Cecília Pinheiro Dias, Henrique Fragoso Pinheiro Dias.*

Comunicação recebida pela médium *Elza Vieira.*

Contra a ignorância

Meus amigos, que Jesus nos dê a paz de que todos necessitamos. Vim aqui trazido por aqueles que desejam ajudar e que me recomendaram algo lhes diga de minha pobre alma.

Não que eu possa entusiasmá-los, alegrando-lhes o espírito. Até pelo contrário, é muito triste a minha história. Mesmo assim determinam eles que eu lhes fale, e buscarei acatar-lhes a confiança.

Amigos meus, como é triste ignorarmos que a vida continua no além-túmulo! É que, com semelhante ignorância, praticamos muitos crimes, cujas consequências somos obrigados a suportar. Consideramos, assim, que o desconhecimento da luz do espírito é o pior de todos os males.

Atravessei o pavor dessa terrível calamidade e se minhas palavras humildes surgem, aparentemente, sem nexo, rogo-lhes me perdoem o verbo inexpressivo, pois minha visita fraterna é só para que saibam que eu também estou matriculado numa escola espiritual para extinguir a treva da ignorância em mim próprio. Estou a esforçar-me, a fim de que eu possa, quando Deus permitir, voltar à Terra e trabalhar, sofrer e vencer – vencer a mim mesmo –, a mim, o inimigo oculto que não busquei dominar quando aí estive.

Meus amigos, é só isso, e que Jesus me dê forças para que eu possa conduzir avante este meu ideal, porque nada sou. Até aqui nada tenho feito a benefício não só meu como dos meus semelhantes.

Rogo-lhes a bênção da prece para que o porvir me favoreça, e que Jesus nos proteja sempre.

Geraldo

38ª reunião | 18 de julho de 1957

Presentes: *Arnaldo Rocha, Ênio Santos, Francisco Gonçalves, Laura Nogueira Lima, Geni Pena Xavier, Francisco Teixeira de Carvalho, Geraldo Benício Rocha, Edmundo Fontenele, Cecília Pinheiro Dias, Aderbal Nogueira Lima, Elza Vieira, Waldemar Silva e Henrique Fragoso Pinheiro Dias.*

Comunicação recebida pela médium *Elza Vieira.*

Na luz da prece

Amigos meus, que Jesus nos ampare e ilumine!

Venho hoje orar com vocês, suplicando a misericórdia do Pai Celestial para as nossas dores, a fim de que possamos, dignamente, suportá-las. Assim, eu hoje, com a permissão divina, venho reunir-me a vocês para rogar a proteção do Senhor e assim o faço: "Jesus, amigo eterno e mestre de toda a humanidade, permita, Jesus, que eu seja menos pecadora de hoje para diante! Que eu possa, Senhor, ajudar àqueles que até então eu não reconhecia como irmãos!... Jesus amigo, eu lhe peço forças para a minh'alma ainda tão estranha aos deveres que lhe foram confiados! Mas, Senhor, a sua divina mão jamais nega recursos aos que procuram soerguer-se. Nunca é tarde, pois, para uma criatura se levantar. E assim, Jesus, é que eu estou de joelhos a suplicar sua bênção. E que essa bênção de caridade e luz me envolva para sempre". Agradeço-lhes, irmãos queridos, a cooperação que me proporcionaram e que Jesus nos ampare a todos.

Regina

Presentes: *Arnaldo Rocha, Ênio Santos, Laura Nogueira Lima, Geni Pena Xavier Xavier, Francisco Teixeira de Carvalho, Geraldo Benício Rocha, Edmundo Fontenele, Antônio Inácio de Melo, Cecília Pinheiro Dias, Aderbal Nogueira Lima, Elza Vieira, Waldemar Silva e Henrique Fragoso Pinheiro Dias.*

Comunicação recebida pela médium *Elza Vieira.*

Agradecendo

Amigos meus, que Jesus nos abençoe!

Trago-vos hoje o meu agradecimento comovido, pedindo a Jesus proteção para todos nós, pois nesta casa muito tenho recebido para o meu encorajamento, a fim de que eu possa prosseguir a minha caminhada.

E assim é que eu rogo ao Senhor vos recompense, suplicando a ele para que não me falte com o carinho que aqui recebi, carinho e devotamento, e que eu saiba também, mais tarde, transmitir aos sofredores que me forem enviados a bênção de amor que me destes com o vosso proceder.

Assim eu sou a irmã reconhecida a todos vós, implorando a Jesus nos ampare e nos abençoe hoje e sempre.

Altina

Presentes: *Arnaldo Rocha, Ênio Santos, Elza Vieira, Geni Pena Xavier, Francisco Teixeira de Carvalho, Geraldo Benício Rocha, Eunice Cerqueira, Zínia Orsine Pereira, Francisco Cândido Xavier e Waldemar Silva.*

Comunicação recebida pelo médium *Francisco Cândido Xavier.*

Bolo de aniversário

Nosso grupo, há cinco anos,
Deitou a sua raiz.
Que o Céu abençoe o nosso
Aniversário feliz!

Todos nós, alegremente,
No conjunto da oração,
Comungamos, com vocês,
A grande celebração!

A nossa equipe, em sorriso,
Com a nossa Meimei à testa,
Deposita sobre a mesa
O bolo de nossa festa.

Todo o manjar se reveste
No claro e cheiroso caldo,
Que nasce da segurança
Do nosso valente Arnaldo.

A forma do prato raro,
Que revela mão de gênio,
Estrutura-se, correta,
Na calma do nosso Ênio!

A massa gostosa e fina,
Em que o doce desabrocha,
É feita na fé robusta
Do nosso Geraldo Rocha.

E esse bolo tem de tudo
No primor de seu trabalho:
Desde a ternura da Zínia
À prece de "Seu" Carvalho!

Guarda a atenção do Pacheco,
Que nunca abandona a linha,
Tem a nobreza da Elza
E a bondade da Laurinha!

Do nosso Chico Gonçalves,
Tem o carinho integral,
Tem a frequência da Edite
E a firmeza do Aderbal!

Da Lucília, tem a graça,
De Geni, tem o cuidado,
Do Professor Fontenele,
Tem o zelo aprimorado.

Da nossa estimada Eunice,
Tem a serena constância,
Do prezado Coronel
Tem a presença a distância.

A bandeja do manjar,
Que para nosso tanto é,
Está repleta das flores
Do jardim do nosso André.

Ante essa joia de amor
De nossa felicidade,
Renovemos nosso votos
Da ação na fraternidade.

E terminando roguemos
Ao nosso amado Jesus
Acender, em nosso bolo,
A sua bênção de luz.

Um abraço a todos do irmão

José Xavier

41ª reunião | 8 de agosto de 1957

Presentes: *Arnaldo Rocha, Elza Vieira, Francisco Gonçalves, Lucília Xavier Silva, Francisco Teixeira de Carvalho, Geraldo Benício Rocha, Edmundo Fontenele, Edite Malquias Xavier, Geni Pena Xavier, Antônio Inácio de Melo, Zínia Orsine Pereira, Francisco Cândido Xavier, Waldemar Silva, Horizontina de Oliveira, José Lemos de Oliveira.*

Comunicação recebida pelo médium *Francisco Cândido Xavier.*

Lembra-te

Lembra-te, enquanto é cedo: a carne é cinza e bruma.
Na forma que se expressa ensina, serve e passa.
Ao seu doce calor, que volta ao verme e à traça,
Todas as ilusões fenecem uma a uma.

És alma, luz que brilha, essência que perfuma,
Esperança e beleza, inteligência e graça,
Atravessando, em sombra, o limo que te enlaça,
Onda da vida eterna em lodocenta espuma.

Despe as fascinações do pélago profundo!...
Vence o ouro e o prazer que te amarram no mundo
Embora nos grilhões da chaga transitória.

E sobranceiro ao mal renitente escarninho
Plasmarás sobre a terra o fúlgido caminho
Para a ascensão celeste em suprema vitória.

Antônio Americano do Brasil

Comunicação recebida pelo médium *Francisco Cândido Xavier.*

Mensagem

Meus amigos, nosso Senhor Jesus Cristo seja louvado!

Por favor daqueles companheiros bem-aventurados que orientam esta casa de fraternidade e oração, tomo-vos o tempo por alguns minutos para saudar, com o meu coração, minha filha Horizontina, esposa de nosso irmão José, que se acham presentes.

Sabemos que, em Espiritismo, a nossa família é a humanidade. Nós todos somos irmãos uns dos outros, com a bênção de nosso Pai Celestial, entretanto, sabemos também que no caminho de nossa purificação tantas vezes somos pais, tantas vezes somos filhos.

É por isso que minha prece foi revelada e atendida, para que eu possa, por momentos rápidos, embora, rogar à minha querida Zonta coragem e paciência no caminho que lhe foi marcado pela Providência Divina. Nós todos, minha filha, recebemos do Alto o roteiro que nos cabe observar e obedecer naquela cota de tempo que deve assinalar a nossa permanência no mundo. Nunca se sinta abandonada, sozinha! Nossas antigas conversações estão ainda vivas! O amor nunca poderia desaparecer no túmulo. Tudo continua além da vida terrestre, mas, para que a felicidade seja nossa, é preciso que estejamos vigilantes, construindo a felicidade dos outros. Ajude, como sempre, o nosso José na sua caminhada, caminhada difícil, por vezes, porque a mediunidade nele ainda não encontrou aquele cultivo necessário. Mesmo você, tão bondosa, coração tão sensível e tão grande, ainda não conseguiu despertar, como será preciso, para que a felicidade e a paz estejam convosco. Você pode fazer tanto, minha Zonta!... Nosso José pode realizar tanto!... Durante os dias últimos, as nossas preocupações foram também as de vocês. Velhas aversões do passado costumam se reaproximar de nós, infundindo-nos medo, perturbações e irascibilidade, mas com a prece e com a fraternidade que sombras não serão dissolvidas? Graças a Deus, graças ao nosso divino Jesus, o nosso José está libertado! Esperamos, porém, que vocês prossigam na execução dos compromissos abençoados para com a nossa Doutrina e para com a mediunidade, que é a enxada da luz colocada por nosso Senhor em nossas mãos, para que saibamos plantar a ventura eterna no chão do mundo terreno. Não disponho de muito tempo, apenas de alguns minutos para repetir a você, com lágrimas de emoção e de alegria, que seu pai está a seu lado nas horas difíceis e nas horas alegres, na luz ou na sombra, na paz ou no trabalho! Seu pai está com todos, mas muito particularmente com você, filha querida, cuja voz está ressoando em meu coração. Suas perguntas de menina estão em minha cabeça. Não me esqueço de nossas preces e de nossos entendimentos! É por isso que eu pedi aos nossos velhos amigos que se encontram aqui nesta hora bendita, nosso Mariano, de Santa Maria, nosso Adelino de Carvalho, nosso Eurípedes, nosso Urzedo, para que me ajudem a falar... Quanta felicidade saber que vocês compreendem que a morte não existe, que nós seguiremos para diante!... Outro amigo que está com seu pai, nesta hora, é o nosso Americano do Brasil, velho companheiro de Goiás! Ele, sim, falará a todos. Ele tomará a palavra para deixar a este grupo abençoado a lembrança da noite. Deus abençoe você, minha filha! Deus abençoe a você, meu filho, filho de meu coração! Deus abençoe a nós todos, é a prece do companheiro

Sabino

42ª reunião | 15 de agosto de 1957

Presentes: *Arnaldo Rocha, Ênio Santos, Elza Vieira, Laura Nogueira Lima, Lucília Xavier Silva, Geni Pena Xavier, Francisco Teixeira de Carvalho, Geraldo Benício Rocha, Edmundo Fontenele, Antônio Inácio de Melo, Aderbal Nogueira Lima, Zínia Orsine Pereira, Francisco Cândido Xavier, Waldemar Silva e Yvonne Pereira.*

Comunicação recebida pelo médium *Francisco Cândido Xavier.*

Tema vivo

Meus amigos, todos os temas doutrinários são importantes. Todos eles, à luz do Evangelho de nosso Senhor Jesus Cristo, através do filtro admirável da codificação kardequiana, são palpitantes de interesse em nosso roteiro evolutivo. A reencarnação é chave preciosa para a solução do labirintoso problema das desigualdades sociais. A sobrevivência individual depois do túmulo é a tese da grande consolação. O intercâmbio é fator de esperança no esclarecimento religioso. A experimentação descerra novos horizontes ao labor científico. A desobsessão é o remédio substancial no alívio às condições deprimentes da humanidade. Examinaremos, no entanto, num ângulo vulgaríssimo de nossas atividades, qual seja o do impositivo da verdadeira cooperação dos espíritas para com o Espiritismo. Apelemos uns para os outros, a fim de que venhamos a despersonalizar as nossas atitudes perante a Doutrina que nos felicita, magnânima de amor e de luz, para que as nossas casas de fé consigam desempenhar o expressivo papel que lhes é atribuído na atualidade do mundo.

Um centro espírita é, sobretudo, um templo de manifestação dos pensamentos da Esfera Superior, na condução dos problemas humanos à sua equação necessária e justa. Em semelhante santuário, os nossos testemunhos de impessoalização devem ser incessantes se quisermos oferecer o fruto de nossa instrumentalidade para que o estandarte do Cristianismo renascente domine as consciências, libertando-as para a Vida Maior. É indispensável esquecermo-nos, abolindo todas as questiúnculas a se represarem no campo de nosso idealismo e de nossas realizações, por faixas de sombra, interrompendo a marcha da luz. É necessário que o lema do codificador, expresso em sua trilogia – trabalho, solidariedade e tolerância –, seja fundamentalmente vivido por nossas manifestações, com abstenção integral da crítica contundente, em torno da alheia conduta.

"Não reprovar, mas ajudar" – deve ser a senha da nossa tarefa para que estejamos funcionando por máquina harmoniosa nas mãos do vexilários da redenção humana, cuja mensagem flui de cima, em benefício do trabalho iluminativo da região de trabalho em que ainda estagiamos.

Não entravar o progresso de quem quer que seja, não fixar a nossa mente no excesso de compromissos familiares dos irmãos empenhados em provações e dívidas que nada possuem de comum com o nosso modo de proceder e de ser, não reparar o lado obscuro das personalidades mediúnicas, trazidas ao âmbito do nosso serviço para que possamos acordar nossos tarefeiros da obra espírita o estímulo à justa ascensão à luz, não nos determos na fiscalização em derredor dos nossos amigos chamados à doutrinação, fortalecendo em todos eles, ao invés disso, o amor à causa, o devotamento à verdade e pela consagração ao bem!

Tanto serviço se desdobra diante de nossos olhos espirituais! Tanto conhecimento a desperdiçar-se através da conversação sem proveito ou da atividade incompatível com os votos por nós mesmos esposados, quando, na oração de cada dia, prometemos fidelidade ao Senhor e auxílio aos homens, nossos irmãos!...

É indispensável estejamos despertos para a colaboração fraterna, para a ajuda recíproca, para a mútua compreensão e para a desculpa incessante, a fim de que o bem triunfe acima de todas as investidas do mal – do mal que consubstancia as nossas aplicações impróprias de tempo nos recursos que nos foram emprestados pela Providência Divina, desde o pretérito próximo ou remoto. Assim sendo, sem desejar fugir ao tom despretensioso de nosso convite, encerramos a pequena e desgraciosa palestra desta noite, conclamando nossos amigos a essa diretriz de amparo constante a todos os que se levantam do ontem para os compromissos de hoje no rumo do amanhã que todos desejamos pleno de vitória para a nossa bandeira espiritual.

Reunamo-nos, em espírito e verdade, ao redor do espírito divino de nosso Senhor Jesus Cristo, que jamais desesperou de nossas fraquezas, que nunca cerrou as portas da tolerância e que nunca exibiu mãos vazias de amor para os nossos espíritos endividados, de modo a manter-nos todos nesta bendita entrosagem de esforço na verdadeira confraternização, marchando para o triunfo real com o Evangelho à luz do Espiritismo e com o Espiritismo à luz do Evangelho, agora, hoje, amanhã, aqui e em qualquer parte.

Efigênio

Presentes: *Arnaldo Rocha, Ênio Santos, Elza Vieira, Francisco Gonçalves, Geni Pena Xavier, Lucília Xavier Silva, Geraldo Benício Rocha, Edmundo Fontenele, Zínia Orsine Pereira, Francisco Cândido Xavier, Áurea Gonçalves e Waldemar Silva.*

Comunicação recebida pelo médium *Francisco Cândido Xavier.*

Palavra e exemplo

Meus amigos, Jesus os abençoe!
A palavra propõe.
O exemplo dispõe.
A palavra é informação.
O exemplo é roteiro.
A palavra semeia.
O exemplo colhe.
A palavra inicia.
O exemplo completa.
A palavra é promessa.
O exemplo é realização.
A palavra induz.
O exemplo conduz.
A palavra esclarece.
O exemplo arrasta.
A palavra tange.
O exemplo transforma.
A palavra mentaliza.
O exemplo modela.

A palavra estuda.
O exemplo faz.
A palavra é sugestão.
O exemplo é força.
A palavra inclina.
O exemplo determina.
A palavra acena.
O exemplo contagia.
A palavra é plano de ação.
O exemplo é a obra em sim mesma.

"No princípio era a palavra", diz a Sagrada Escritura. Entretanto, cremos poder acrescentar que no fim é o exemplo criando a alegria ou a dor, a luz ou a treva, o céu ou o inferno em nós mesmos.

Saibamos, pois, ensinar com a bênção do Cristo em nós, porque todos os espíritos desencarnados ou encarnados que nos rodeiam ouvem-nos a voz e acompanham-nos o passo.

Louvado seja Jesus!

André Luiz

Presentes: *Ênio Santos, Elza Vieira, Geni Pena Xavier, Geraldo Benício Rocha, Edmundo Fontenele, Edite Malaquias Xavier, Zínia Orsine Pereira, Francisco Teixeira de Carvalho, Francisco Cândido Xavier e Waldemar Silva.*

Comunicação recebida pelo médium *Francisco Cândido Xavier.*

Em prece com os sofredores

Senhor Jesus, junto daqueles que te louvam a bondade com alegria, estamos nós, os que te suplicamos compaixão com o sofrimento!

Ao pé dos espíritos redivivos que te recordam, ajoelhamo-nos nós, os mortos vivos que te esqueceram...

Isso, Senhor, porque nós sabemos que te desvencilhaste dos cânticos celestiais em te glorificavam na manjedoura, colocando-te ao encontro das almas cadaverizadas na enfermidade e no crime. Tu, Mestre divino, que dissipaste a sombra do cego de Jericó, que devolveste o movimento ao paralítico do tanque de Betesda, e que ressuscitaste o Lázaro sepulto, compadece-te também de nossas almas empedernidas e soterradas nas ruínas dos próprios sonhos! Somos muitos, Senhor, os que nesta noite te rogamos a esmola de socorro e comiseração, somos muitos os que ostentamos, por nossa infelicidade, o cárcere talhado por nós mesmos!...

Todos, Senhor, trazemos a grilheta de nossas próprias culpas! Os que assassinaram trazem consigo correntes de sangue, os que espalharam a desolação trazem correntes de lágrimas, os que furtaram estão aprisionados a correntes de outro e os que mergulharam no vício trazem consigo dolorosas correntes de lama, as que lhes entenebrecem as consciências!...

Oh, Senhor, tantos te rogam ascensão ao Céu! Nós te imploramos o recomeço na carne! Tantos te pedem a saúde!... Nós te suplicamos a doença! Tantos te solicitam o convívio dos laços domésticos no templo familiar!... Nós te rogamos o banimento e a solidão!... Tantos te pedem o equilíbrio e a beleza!... Nós te suplicamos a mutilação e a chaga redentora! Entretanto, Senhor, com a cruz que nós mesmos talhamos, suspiramos por tua bênção para a regeneração de que carecemos!...

Cristo, que abriste os braços no berço de palha aos pastores humildes, que abriste os braços aos doutores de Jerusalém e aos enfermos da via pública, que abriste os braços a todos os sofredores, preferiste morrer de braços abertos, braços abertos aos quais nós todos recorremos!...

Senhor, concede-nos um novo dia de trabalho e de reajustamento na Terra!

Disseste , ó Cristo inolvidável: "Bem-aventurados os aflitos..." Que nós, Senhor, pela misericórdia de tua justiça, possamos recolher em nós mesmos a aflição curativa, a fim de que possamos encontrar, contigo, a aflição como preço de nossa ascensão à tua luz.

Louvado sejas para sempre, Senhor!

Cerinto

Presentes: *Arnaldo Rocha, Ênio Santos, Elza Vieira, Francisco Gonçalves, Geni Pena Xavier, Lucília Xavier Silva, Francisco Teixeira de Carvalho, Francisco Cândido Xavier, Edmundo Fontenele, Edite Malaquias Xavier, Zínia Orsine Pereira, Geraldo Benício Rocha, Áurea Gonçalves e Waldemar Silva.*

Comunicação recebida pelo médium *Geraldo Benício Rocha.*

Dissertação

Meus irmãos, louvemos ao nosso Senhor Jesus!

Padre católico, e envergando ainda a veste sacerdotal, e agradecendo a Deus, Senhor, por me ter concedido a graça, venho trazer a todos que, com bondade, me ouvem a minha saudação, a minha solicitação e o meu agradecimento.

Jamais, do púlpito, fui capaz de tecer frases consideradas literárias, ou sermões brilhantes, mas buscando sempre a inspiração do sacratíssimo coração de Maria, nossa mãe, soube consolar as mães aflitas, orientar os pais em situações difíceis e pude, no contato com a natureza, buscar os sulcos que curavam, alimentar as esperanças e acender a luz divina nas almas que se sentiam combalidas pela doença, pela dor e pelo desassossego.

A minha alma sentia que através do genuflexo, ou do genuflexório dos altares, acima das hóstias consagradas havia um sol muito brilhante, uma luz eterna, imorredoura, que se espargia em bênçãos para todas as criaturas de boa vontade, porque no Evangelho o Senhor nos prometia um consolador eterno a viver conosco para sempre.

Vivendo em cidade onde o preconceito arraigava-se de tal modo que até o nosso pensamento se encurralava dentro da estreiteza do entendimento, no muito pouco nos era permitido elevar o pensamento em temas, em poemas de tanta filosofia, de tanto engrandecimento, de tanta consolação ou esperança! Mas a nossa alma sentia, e sentia com a certeza da nota que sentiu a vibração harmônica – que a alma se comunicaria eternamente, evoluiria sempre e cresceria na medida de suas conquistas morais e intelectuais! Então começamos, no acanhamento do ambiente em que vivíamos, de quando em vez, ouvir vozes que nos animavam. O silêncio já não era para nós um ambiente de desagrado, mas, sim, o de vozes acalentadoras, promissoras, um porvir mais brilhante se fazia ouvir.

Nós, cheios de esperança, caminhávamos, caminhávamos esperançosos de que portas maiores se descerrassem para o nosso entendimento.

Desencarnado, vagamos como um sacerdote que – Deus seja louvado! –, de certo modo soube cumprir os seus deveres e não se envergonhou diante do Senhor. Até que coração a nós ligado e a vós também nos trouxe para participar deste Pentecostes que aqui se comemora de há muito. Então a nossa alma se banhou nas águas deste batismo. O nosso espírito se dilatou em entendimento e o nosso coração entoou hosanas ao Senhor! Nós nos sentimos engrandecer dentro da pequenez de nosso ser! Os nossos olhos enxergaram o futuro infinito. E nós vibramos de contentamento na ciência maravilhosa que flui de todos e para todos, na cura, na consolação, na instrução, na esperança e na fé! De joelhos, então, buscamos a consoladora Doutrina dos aflitos que nos fizeste dignos de permanecer em tão extraordinário, em tão encantador recanto de paz e de trabalho, de solidariedade e de compreensão! E fomos considerados, mercê de Deus, não pelos nossos merecimentos, um dos obreiros dos tutelados desta casa.

Anos já se passaram, nunca tivemos ensejo de manifestar a nossa palavra, porque somos bastante humildes e nada fizemos que pudéssemos merecer essa dignidade, essa consideração...

No entanto, se avolumaram de tal modo os sofredores dos arraiais católicos onde militamos, de tal modo nosso coração se confrangeu ao sentir que os nossos irmãos, discípulos na Doutrina dos Espíritos, nas terras de São João Del Rei, distanciam-se, por infelicidade, da possibilidade de melhor orientação, que fomos obrigados a manifestar, materializando a nossa palavra numa solicitação de uma súplica de que nos ajudeis a consolar, a orientar, a evangelizar companheiros que se debatem em sofrimentos, em agonias e em dores.

Assim nos associamos nos empreendimentos de socorro a corações que nos são muito caros e materializamos a nossa voz – um velho padre que nada mais soube fazer que algumas menzinhas, alguns chazinhos que curavam bronquites, coqueluches, dores de barriga e coisas de somenos importância – no entanto, sempre certos de que o Senhor era o rei dos reis e deveria nos amparar, como, de fato, nos amparou.

O que mais poderia eu apresentar aos meus irmãos como justificativa para que o vosso coração cristão me receba?

O que mais poderei eu solicitar de vós que sentis nos vossos espíritos as clarinadas da vida eterna e as clarinadas da evangelização?

Apenas o vosso auxílio, a esmola da vossa ajuda.

Bendizendo a Deus e ao Senhor, que nos permitiram esta graça, louvemos aos Seus santíssimos nomes, suplicando que amparem a todos os necessitados que ouvem a nossa palavra e que, como nós, necessitam do Seu amparo.

Deus, em Sua bondade, nos faça dignos de continuar a merecer a Sua ajuda.

Gustavo Ernesto Coelho

Presentes: *Arnaldo Rocha, Ênio Santos, Elza Vieira, Francisco Gonçalves, Geni Pena Xavier, Lucília Xavier Silva, Francisco Teixeira de Carvalho, Francisco Cândido Xavier, Edmundo Fontenele, Edite Malaquias Xavier, Áurea Gonçalves, Zínia Orsine Pereira, Geraldo Benício Rocha, Waldemar Silva e Hélio de Albuquerque Porciúncula.*

Comunicação recebida pelo médium *Geraldo Benício Rocha.*

Um adeus agradecido

Como a noiva que em despedida de lar paterno percorresse todos os recantos onde cresceu e animou os seus sonhos de juventude e de construção de um lar, venho aqui, esta noite, despedir-me do meu lar espiritual.

Não sei quando fui, sei apenas que era a imperfeição em corpo de mulher. Sei que buscava, em todos os meneios do meu corpo, com todas as seduções do meu sexo, com toda a imperfeição da minha alma e com toda a maldade que nela era insuflada, sugar, atrair, desnortear, prejudicar, vampirizar homens, mulheres e moças.

O Senhor compadeceu-se de mim e fui trazida à nossa casa.

Apresentei-me coquete, perfumada, engalanada, como se quisesse conquistar o mundo. Lancei mão de todos os meus artifícios, mas a prece, a divina prece, reduziu-me a um montão de carne pútrida e à condição de alma que esmolava por caridade uma prece na noite tenebrosa da ignorância do ser. E aquela alma vampira, aquela víbora que sugava o amor, que infelicitava lares, que desnorteava chefes de família, sentiu os benefícios de um beijo maternal do Senhor em seu coração.

As vossas preces transformaram-me na mais respeitadora, humilde e desejosa criatura, de pureza, de santidade e de perfeição. E durante quatro anos permaneci noite a noite, dia a dia, em contato com as emanações evangélicas dos vossos espíritos e a engrossar o cabedal de compreensão no estudo evangélico desta casa.

Aproximando-se agora a hora de voltar a resgatar o quanto fiz, eu sinto o coração temeroso – a mulher decidida a conquistar o mundo e a todos com o meu corpo, na verdade, dominava. Sinto-me agora tímida, amedrontada, acovardada diante das responsabilidades que sei tenho que resgatar. Então volto novamente, de joelhos, aos pés dos meus irmãos e dos meus amigos, que foram os intérpretes dos benfeitores desta casa, do Senhor Jesus, de nossa imaculada Senhora e Mãe, para que me ajudem no retorno ao corpo de mulher. Que eu saiba ser honesta, que eu saiba ser digna, ser mãe, e saiba enxugar as lágrimas que eu derramei; que eu saiba harmonizar os lares que levei à cizânia, e que saiba consolar as dores que implantei.

Não sei se terei forças para tanto. O Senhor prometeu-me essas possibilidades, então vou tomar novo corpo. Estudei muito e meditei bastante. Venho, pois, nesta hora quase que de angústia, porque tenho medo! Venho pedir vosso socorro! Lembrem-se de mim!

Deus vos ampare! Deus vos ajude e que não vos esqueçais da vossa irmã!

Gercina

Presentes: *Arnaldo Rocha, Ênio Santos, Elza Vieira, Geni Pena Xavier, Lucília Xavier Silva, Francisco Teixeira de Carvalho, Francisco Cândido Xavier, Edmundo Fontenele, Zínia Orsine Pereira, Geraldo Benício Rocha e Waldemar Silva.*

Comunicação recebida pelo médium *Geraldo Benício Rocha.*

Companheiro de volta

Tu, que tiveste, Senhor, o cirineu que te ajudou a conduzir o madeiro em que nossa piedade te crucificou, dai-me, Senhor, o cirineu para que eu possa conduzir a cruz da minha redenção!

É de muita alegria o momento, e de grande contentamento para a minha alma externar-me, no meio de irmãos e de amigos, na glorificação da vida eterna, da continuidade da sobrevivência, reavivando nas almas e nos corações a esperança de uma eternidade que a cada passo se burila, se aperfeiçoa e se aproxima da santidade, não obstante a distância dos séculos.

Companheiro que fui, outrora, arrostando as dificuldades de uma cegueira material, tive sempre o coração e o espírito voltados para o excelso Mestre, na certeza de que o cirineu não me faltaria no caminho da redenção, no caminho da preparação para uma vida mais útil aos homens, meus irmãos, principalmente àqueles que tivessem a mesma necessidade. Depois de anos de cura, depois de anos de instrução, de armazenamento de forças psíquicas e forças morais, eis-me jubiloso, de pé na estrada da reencarnação, trazendo as mesmas características da raça desprezada, mas o coração cheio de fé e de certeza que hei de, com o auxílio das almas que vibram, uníssonas, harmoniosas nos princípios que são a evangelização de amor, trazer para o seio, para o rebanho do divino Pastor, aqueles que bebem nas estradas da incompreensão, aqueles que bebem no cipoal do vício, aqueles que se destroem no malbaratamento do tempo e das possibilidades mediúnicas.

É também de agradecimento aos meus amigos. Vibrações muito amorosas, muito delicadas, muito meigas chegaram ao meu coração! Várias vezes, pude sentir o calor das vossas preces, pude palpitar de alegria, vendo que se elevava cada vez mais o conceito da Doutrina dos espíritas e dos espíritos.

Eu falaria por muito tempo, porque fui sempre muito arengueiro, mas a concessão foi pequena. Foi para solicitar, suplicar a companheiros de outrora, a irmãos da Eternidade, que me cerquem com o carinho da prece, que me amparem com a solidariedade do consolo e da esperança, através da projeção de fluidos vitais. Muito em breve, a prosopopeia desaparecerá num corpo de um criolinho barrigudo e eu virei novamente perlustrar as estradas da vida.

Permita o Senhor não me falhe a visão e que eu tenha a mente bem elevada e o coração sempre mais puro!

Companheiros, amigos e irmãos, louvemos ao Senhor na sua grandeza infinita, na sua misericórdia incomensurável! Enchamos o coração de esperança e de fé, e partamos confiantes de que havemos, de mãos dadas, glorificar o nosso Senhor e Salvador!

Boa noite, do velho amigo,

Gibraltar de Souza

Presentes: *Arnaldo Rocha, Ênio Santos, Elza Vieira, Geni Pena Xavier, Lucília Xavier Silva, Francisco Gonçalves, Francisco Teixeira de Carvalho, Francisco Cândido Xavier, Antônio Inácio de Melo, Edite Malaquias Xavier, Zínia Orsine Pereira, Geraldo Benício Rocha, Waldemar Silva e Santinônimo Vieira Machado.*

Comunicação recebida pelo médium *Geraldo Benício Rocha.*

Reajuste

Senhores, meus irmãos, boa noite!

Há dois anos e pouco a graça do Senhor me permitiu vir ter convosco para que as luzes da sua misericórdia se fizessem sobre a minha alma.

Sofrendo de uma fobia humana desastrosa nos últimos anos da minha vida, embrenhei-me pelo campo de uma esquizofrenia depressiva. Destruí a minha inteligência, educação, sentimento de religiosidade, sociabilidade e quaisquer outros desejos de civilidade ou de civilização. Perdido que me encontrava neste mundo de confusões, de vozes aterradoras, espectros medonhos, desgrenhados a pedirem-me contas de julgamentos, a solicitarem-me beneplácitos nos despachos de questões de economia e de finanças, vedar os olhos em benefício desses ou daqueles herdeiros, finalmente, parcialidade, consciência medida a peso de dinheiro.

Volvi cada vez mais para a confusão e o desespero dominava-me a alma. Era um caos profundo o meu cérebro quando ouvi algumas criaturas falarem sobre paz, sobre harmonia, sobre boa vontade. Atraí-me, atraíram-me, e pude vibrar horas após uma comunhão de sentimentos, de fé, de amor e de compaixão para os que sofriam naquele casarão centenário.

Alguns dias permaneci recebendo o calor daquela prece, o convívio daquelas novas amizades, e para aqui fui trazido.

Naquela noite, vos contei a minha história de desespero. Nem sei se portei-me como homem civilizado, nem sei, ao menos, se respeitei a santidade do ambiente que me acolhera. No entanto, hoje, com a alma repleta dessas clarinadas de fé, com o espírito balsamizado pela consoladora esperança de que não traí a minha própria consciência, nem o meu dever, que tudo quanto se passava era apenas uma grande possibilidade que eu havia perdido como médium audiente, eu rendo graças ao Senhor por ingressar, por ter ingressado efetivamente, há poucos dias, não como doente, mas já como um aprendiz das lições de fraternidade e de amor que se desenrolam neste cenáculo sublime de Jesus, nosso Senhor e Mestre.

E devia, isto me foi permitido, externar a minha satisfação para que aquelas almas que me pediam venalidade, para aquelas criaturas que só pensavam em conspurcar as consciências a troco de seu dinheiro, ouvissem a minha palavra, não de um homem que devia dar uma sentença, mas de um irmão que havia encontrado a mão amiga do Senhor, a palavra de exortação, a sua palavra de consolação e de esperança. Então aqui vim e pude, por vosso intermédio, utilizando-me das possibilidades que me oferecestes, falar àquelas criaturas, trazê-las ao vosso meio, fazê-las sentir o calor da verdade, do amor, a palavra da consolação e agora, jubiloso, externo a minha gratidão ao Senhor, a vós outros que me acolheram, e sinto que me valendo dessa oportunidade nada possa vos apresentar senão agradecimentos baldos de palavras que harmonizassem, que se afirmassem com a delicadeza, com a beleza e com a grandiosidade da Doutrina que vou aprendendo.

Alheio como fui a esse conhecimento elevado, arquivando apenas de longe algumas referências, sinto quanto perdi, sinto quanto podia ter engrandecido meu coração, a minha alma, quanto podia ter prolongado a minha própria existência, e quanto de utilidade poderiam ter tido esses conhecimentos!

Não obstante, passaram-se as oportunidades...

Mister se faz que aproveitemos agora esta que o Senhor nos concedeu. E nós, cheios de esperança, suplicamos a continuidade da vossa ajuda. Suplicamos que a vossa palavra se faça sempre consoladora e norteadora no caminho da nossa vida.

Meu boa noite, os meus agradecimentos e meu grande desejo de continuar como aprendiz dos labores desta casa.

Sesósteles de Oliveira Teixeira
Amigo humilíssimo de todos vós.

Presentes: *Arnaldo Rocha, Ênio Santos, Elza Vieira, Geni Pena Xavier, Francisco Gonçalves, Laura Nogueira Lima, Francisco Teixeira de Carvalho, Geraldo Benício Rocha, Antônio Inácio de Melo, Lucília Xavier Silva, Aderbal Nogueira Lima, Francisco Cândido Xavier, Zínia Orsine Pereira, Áurea Gonçalves, Waldemar Silva e Santinônimo Vieira Machado.*

Comunicação recebida pela médium *Zínia Orsine Pereira.*

Ensinamento

O médico que visa, antes de tudo, o seu bem-estar, as vantagens monetárias e a sua posição social é apenas um médico, mas se ele, compenetrado da sua missão divina, busca no enfermo as raízes do seu mal, amparando-o, orientando-o, ele é um médico e, mais ainda, um missionário.

O que direi eu agora, beneficiado como fui pelos dirigentes desta casa, que me acolheram, curaram as minhas chagas, secaram-me as lágrimas e guiaram os meus primeiros passos para o caminho do bem?

Homem orgulhoso que fui, envaidecido com a grande fortuna que me foi deixada por meu pai, julguei-me superior, humilhava a todos e repetia sempre: "Posso pagar! E, portanto, exigir também!" Construí um trono de vaidade e de lisonjas para mim, e nele assentei-me comodamente, desprezando os soluços e os gemidos dos que me cercavam.

Como uma advertência ao meu grande erro, perdi quase

momentaneamente tudo o que possuía e sem compreender a lição desesperei-me, revoltado contra o próprio Deus, esquecendo-me de que os maiores tesouros – a minha família e a minha saúde – Ele me havia conservado.

Não compreendia a vida sem o dinheiro, sem o ouro. Xingava, reclamava, chorava, espalhando a tristeza, o medo, e a tirania em meu derredor. Preparava, revoltado, a minha fuga da vida, mas de modo que deixasse alguém como responsável pela minha morte, resguardando, assim, a minha reputação de homem honesto e fino que sempre me julguei.

Mas, lamentavelmente, muito tarde reconheci a ajuda que tive quando caí gravemente enfermo, paralítico, impedido, portanto, de executar o meu nefando projeto. Não soube agradecer a Deus aquela doença, que poderia ter sido o princípio da minha regeneração. Exasperei-me mais e mais até que a morte me colheu. Mas o orgulho e a revolta seguiram-me, acompanharam-me até depois do túmulo.

Só eu sei o que sofri e sofro ainda! Agora, estou vencido, cansado, e sem forças para lutar! Ontem, rico de dinheiro e de orgulho, hoje, mendigo de paz e de luz, a implorar um pouco de misericórdia e de um abrigo onde possa esconder a minha dor e a minha vergonha. Porque agora reconheço o meu fracasso. A doença é, muitas vezes, um barco de salvação que nos leva a porto seguro, mas se nos revoltamos contra o timoneiro desse barco, ele soçobrará por certo, levando-nos para os abismos, nas maiores profundidades da amargura.

Estou aqui com vocês e o meu desabafo é o sinal do meu profundo arrependimento, embora muito tardio. Se, porém, o meu exemplo servir de advertência a alguém, já será um grande benefício para mim, e é isso o que desejo sinceramente.

José Mendes

Presentes: *Arnaldo Rocha, Ênio Santos, Francisco Teixeira de Carvalho, Geraldo Benício Rocha, Nélio Cerqueira Gonçalves, Antônio Inácio de Melo, Aderbal Nogueira Lima, Francisco Cândido Xavier, Zínia Orsine Pereira e Waldemar Silva.*

Comunicação recebida pela médium *Zínia Orsine Pereira.*

Amoroso aviso

Nossos pés, muitas vezes, nos conduzem a lugares impróprios, inundados pelo lodo das paixões destruidoras. Podem, também, ser o veículo do auxílio e do socorro para os que lá sofrem, sem forças para se levantar.

Se o nosso coração pulsa por um amor menos digno, capaz de levar o desequilíbrio e a intranquilidade ao próximo, poderá também, se melhor dirigido, levantar os que erram e choram, mergulhados na lama dos sentimentos embrutecedores.

Se os nossos olhos servem de escândalo e de instrumento à infelicidade alheia, será bem melhor que eles se volvam para dentro de nós mesmos, buscando, antes de tudo, as nossas múltiplas imperfeições.

Se a nossa língua se abisma na conspurcação dos fatos, agravando os males e ferindo o próximo, é bem mais útil e mais promissor que ela silencie quando não souber ainda ajudar. Que ela vibre apenas quando puder desculpar, socorrer e orar, buscando no Pai a iluminação para nós próprios e para os nossos companheiros de peregrinação, porque assim verifiquei o que temos em nós mesmos para corrermos em busca da dor ou da paz.

Outrora, quantas vezes feri, julguei, ofendi, sem saber que plantava dores e lágrimas, infortúnios para o meu pobre espírito. E hoje aqui estou a pedir a Deus que na minha próxima vida aí na Terra eu sofra tudo que causei aos outros – meus olhos não tenham luz para que eles não possam transmitir ao meu cérebro e ao meu coração o desejo de ferir, de ofender, de maltratar alguém. Porque só depois que perdemos o nosso corpo físico sabemos aquilatar o seu grande valor e as sublimes oportunidades que perdemos.

Aprendi também aqui uma grande verdade: é que Deus não nos julga. Nós mesmos nos colocamos, compulsoriamente, nos lugares que nos reservaram os nossos pés, o nosso coração, os nossos olhos e, especialmente, a nossa língua.

Silencie, pois, aquele que não pode ainda compreender a ciência do verbo para que não sofra como eu! Cale-se aquele que não pode ser caridoso ainda! A revolta que alimentava por tudo que me cercava, a minha inconformação e rebeldia só me deixaram o doloroso ressaibo da amargura e da desilusão.

Carlos Dias

Presentes: *Arnaldo Rocha, Ênio Santos, Delacir de Oliveira, Francisco Gonçalves, Geni Pena Xavier, Lucília Xavier Silva, Francisco Teixeira de Carvalho, Geraldo Benício Rocha, José Gonçalves Pereira, Laura Nogueira Lima, Edite Malaquias Xavier, Aderbal Nogueira Lima, Corina Novelino, Francisco Cândido Xavier, Áurea Gonçalves e Waldemar Silva.*

Comunicação recebida pelo médium *Francisco Cândido Xavier.*

Amor

O amor é a lei de Deus em toda parte.
Repara, acima, o sol que se derrama
Em torrentes de luz a sustentar-te
Tanto quanto apascenta o verme e a lama.

Desce os teus olhos sobre a gleba imensa
E encontrarás cantando, humilde e boa,
A fonte que se dá, sem recompensa,
Por sorriso da Terra que abençoa.

A árvore, além, é a compaixão perfeita
Sem queixar-se da luta que a consome,
Oferecendo a flor com que te enfeitas
E dando o fruto que te atende à fome.

Escuta, ao pé do berço, a melodia
Do sonho maternal que afaga e vela,
E segue a rota, plena de alegria,
Da caridade generosa e bela!...

Tudo é bondade pura no caminho!
Tudo vibra no anseio de ajudar!
A montanha, a floresta, o campo, o ninho,
O vale, o vento, a escola, o templo e o lar.

Em tudo o amor sublime anda disperso.
Da estrela excelsa à larva sob o chão.
O amor é mão de Deus sobre o Universo,
Construindo a grandeza e a perfeição.

Assim, pois, serve e crê, marchando à frente,
Arrimando-te à fé que não descai,
E guardarás o coração contente
Na harmonia da lei de nosso Pai.

Irene Souza Pinto

Presentes: *Arnaldo Rocha, Ênio Santos, Elza Vieira, Francisco Gonçalves, Geni Pena Xavier, Lucília Xavier Silva, Francisco Teixeira de Carvalho, Geraldo Benício Rocha, Antônio Inácio de Melo, Áurea Gonçalves, Eunice Cerqueira, Francisco Cândido Xavier e Waldemar Silva.*

Comunicação recebida pelo médium *Francisco Cândido Xavier.*

Tema espírita

Meus amigos, louvado seja nosso Senhor Jesus Cristo!

De quando em vez, um toque de alerta faz sempre bem na defesa de nosso bem.

Religião, em sinonímia legítima, define o culto dos nossos deveres para com Deus, religando as criaturas ao Criador. Por isso seitas religiosas, a rigor, são criações humanas, renováveis e perecíveis, como tudo aquilo que sai da experiência terrestre.

Os egípcios, os gregos e os romanos estabeleceram agrupamentos dessa natureza, levantando santuários diferentes para a consagração de seus numes domésticos. Com Jesus Cristo, nosso Senhor, porém, não encontramos qualquer traço de fé sectarista. Visita-nos ele procurando nosso Pai celestial nas criaturas irmãs e conduzindo as criaturas irmãs à comunhão com o nosso Pai celestial.

O templo do Mestre, em cuja intimidade oficiava, sublime, era o próprio coração humano, despertando as almas para a glória divina. Da manjedoura até a cruz, vemo-lo curando os enfermos, ensinando o caminho da purificação espiritual, reer-guendo os caídos, consolando os tristes e aliviando a carga dos sofredores.

Não se pode dizer que o Pastor excelso haja criado mais uma seita religiosa para ser adicionada às existentes, porque no seu exemplo estava a própria religião em si, como luz da vida eter-na, religando a Terra ao céu, a alma à sua divina origem. Aliás, foi ele mesmo quem asseverou que Deus é espírito e importa que O adoremos em espírito e verdade.

O Espiritismo, operando a renascença do pensamento do Cristo, não é também uma seita religiosa para ser incorporada às outras. Temos nele uma doutrina de consequências morais, apoiando-se sobre três bases distintas, que se constituem da re-ligião, da filosofia e da ciência. Em seus círculos de trabalho, a filosofia indaga, a ciência experimenta e a religião ilumina.

Possuímos em seus princípios o trabalho dos instrutores da humanidade, sob a bênção do nosso Senhor Jesus Cristo, tanto quanto nosso Senhor Jesus Cristo se encontrava sob a bênção do Pai, empreendendo a renovação das almas para Deus. Por essa razão *O Livro dos Espíritos* é a chave de nossa libertação moral. Em suas páginas, como que por inspiração da Infinita Sabedoria, surgem as perguntas da inteligência humana com o pronunciamento da Espiritualidade Superior por intermédio de respostas adequadas ao anseio das criaturas.

Não lidamos, portanto, com uma bandeira de proselitismo, mas sim com as responsabilidades de transportar conosco o pensamento de Jesus, configurado na interpretação de Allan Kardec, regenerando as nossas próprias almas diante das almas que nos assistem. Indispensável, desse modo, estejamos desper-tos para o Espiritismo vivido dentro de nós, antes de pregado por nossa boca, alertados para o impositivo da qualidade sem a insistência do número.

Não ignoramos que, na Terra, todos os seres existem, mas somente o espírito humano já chegou à razão sazonada com a obrigação de sobreviver segundo os ditames da consciência reta. Daí o ensinamento de nosso Senhor com a interpretação de Allan Kardec e todo o acervo de lições das esferas sublimes, convocando-nos para o necessário ajustamento à lei divina, a fim de que o amor e a sabedoria se manifestem através de nós to-dos, encarnados e desencarnados, em favor da redenção terrestre.

Estejamos, pois, no fiel desempenho de nossas funções, iluminando-nos para que possamos iluminar, porque apenas através da caridade de nosso dever bem cumprido é que estaremos em dia para a execução da verdadeira caridade.

Cícero Pereira

Presentes: *Arnaldo Rocha, Ênio Santos, Elza Vieira, Geni Pena Xavier, Lucília Xavier Silva, Antônio Inácio de Melo, Edite Malaquias Xavier, Laura Nogueira Lima, Aderbal Nogueira Lima, Francisco Gonçalves, Waldemar Silva e João Cândido Xavier.*

Comunicação recebida pelo médium *Francisco Gonçalves.*

Na trilha do amor

Paz e carinho – eis a forma do verdadeiro auxílio espiritual!

É por isso que, muitas vezes, para buscá-la, estou junto de vocês, procurando a minha parcela de socorro às necessidades do coração. E enquanto isso meu espírito se rejubila com os nossos banquetes de fraternidade todas as quintas-feiras!

O amor, em verdade, é o símbolo da perfeição. O amor é o clima ideal da paz e do carinho a que nos reportamos, oferecendo a temperatura sentimental para o auxílio de que necessitamos para a viagem no rumo da Luz Universal.

Agradeço-lhes, pois, o amparo de sempre e na felicidade de quem se vê sob a proteção divina ofereço-lhes, ainda, o ensinamento que ele, o Mestre sublime, nos legou: "Amai-vos uns aos outros como eu vos amei". É nessa lição que está encerrada a vitória do amor, segundo o Evangelho. Agradeço-lhes, assim, mais uma vez, esperando possamos marchar para a frente, na certeza de que com o amor em Jesus teremos cada dia, no dever puro e sagrado, a vida sempre nova.

Jerônimo Cardelli

Presentes: *Arnaldo Rocha, Ênio Santos, Elza Vieira, Laura Nogueira Lima, Geni Pena Xavier, Francisco Teixeira de Carvalho, Geraldo Benício Rocha, Edite Malaquias Xavier, Aderbal Nogueira Lima, Francisco Cândido Xavier e Waldemar Silva.*

Comunicação recebida pelo médium *Francisco Cândido Xavier.*

Em plena era nova

Meus amigos, busquemos, acima de tudo, a bênção do Senhor Jesus!

De fato, a Terra vê-se à frente de uma era nova. Sacudida pelo alvião científico, sente-se a mente do mundo abalada nos alicerces. É o progresso em todas as direções, conclamando os homens ao despertamento espiritual para a vastidão soberana da vida. A navegação aérea atendeu ao problema dos transportes, conjugando o fantasma da fome por desterrá-lo do seio das nações. A radiofonia patrocina a expansão do pensamento rápido. A televisão modifica a face do mundo. À maneira dos últimos remanescentes do feudalismo, que foram abatidos no século passado pelos golpes da república, todo regionalismo está sendo, necessariamente, massacrado pelo impositivo da comunhão social mais profunda.

Não precisamos acrescentar qualquer anotação tendente a criar novo anseio à expectação geral em torno dos últimos eventos que impressionaram a humanidade. O domínio do combustível, a evolução da física nuclear e a penetração no reino atômico estão conferindo ao homem novos poderes que, analisados no conjunto, compelem a reflexões muito graves, porque se o propósito da hegemonia política não for devidamente controlado, criando-se, espontaneamente, mais ampla união da vida continental no planeta, o homem poderá, efetivamente, interferir no movimento pendular da Terra, determinando alterações de consequências imprevisíveis nas calotas polares.

Entretanto, não devemos conduzir a imaginação para qualquer faixa obscura e pessimista. Entendamos na presente renovação do mundo mais alto apelo da Esfera Superior para que o campo da evolução terrestre se incorpore à vida cósmica.

A humanidade está sendo chamada a raciocinar em termos de infinito no espaço e no tempo, e, nesta hora, sem dúvida, o Espiritismo é a força capaz de auxiliar as criaturas, a fim de que se desfaçam as cristalizações dogmáticas do caminho religioso, para que o pensamento do mundo, liberto de todos os cárceres e de todas as fantasias, possa acompanhar a ciência em suas arrojadas iniciativas e a filosofia em suas imensas realizações sociológicas.

Claro que necessitamos da máxima cautela no trato com semelhante assunto, porquanto, se o homem de hoje aspira o contato com habitantes de outros planetas, não podemos olvidar que seres de outros mundos são também todos os desencarnados, que, há mais de um século, estão convidando a atenção da Terra para a glória da vida na vida universal.

Integrados, assim, no conhecimento e na prática de nossas responsabilidades, atendamos aos nossos deveres na condição de obreiros humildes do mundo novo, colaborando cada um de nós no círculo de ação que nos é peculiar para que a nossa Doutrina, com a bênção de Deus e ao sopro renovador do Evangelho de nosso Senhor Jesus Cristo, possa, com as balizas de Allan Kardec, amparar, tanto quanto possível, a mente surpreendida e desarvorada da multidão.

Todos nos achamos à face de uma época destinada a modificações profundas, mas saudando-a com otimismo e formulando votos para que todos nos arregimentemos na obra de preservação mútua e de redenção recíproca nas linhas multifárias em que se nos desenvolve a existência, recordemos, para a nossa edificação, a palavra do Senhor Jesus – "Amai-vos uns aos outros como eu vos amei"–, para que o espírito de transformação não nos surpreenda acastelados no orgulho da raça e na vaidade regionalista. E lembremos, ainda, o ensinamento monumental de Allan Kardec – "Nascer, viver, morrer, renascer de novo e progredir sempre, tal é a lei" –, para que o progresso inelutável nos encontre na posição de trabalhadores decididos e resolutos na construção do mundo melhor.

Efigênio Salles Vítor

Presentes: *Arnaldo Rocha, Ênio Santos, Elza Vieira, Laura Nogueira Lima, Geni Pena Xavier, Francisco Cândido Xavier, Francisco Teixeira de Carvalho, Geraldo Benício Rocha, Lucília Xavier Silva, Edite Malaquias Xavier, Carlos Torres Pastorino, Aderbal Nogueira Lima, Ismael Gomes Braga, Francisco Gonçalves, Áurea Gonçalves, João Cândido Xavier e Waldemar Silva.*

Comunicação recebida pelo médium *Francisco Gonçalves.*

Jovem desencarnado

Boa noite, meus queridos irmãos!

Venho, pela Misericórdia Divina, trazer-vos o meu coração.

Era ainda bastante jovem quando Jesus me chamou ao ajuste da morte. E como acontece a milhares de criaturas juvenis, a melhor parte da vida não era o caminho de meu ideal.

Minha alma era simplesmente anseio, desejo, ilusão, saltitando no mundo ao modo de um passarinho desgovernado... Por isso vi-me, de repente, à maneira de um mendigo esmolando proteção, lutando imensamente comigo mesmo, até que Jesus, por intermédio das aulas de luz que ouvimos nas reuniões espíritas aqui e ali, me deu carinhosas mãos!...

Junto, assim, de vocês, devotados irmãos dos que sofrem à distância do corpo físico, peço-lhes me ajudem, através do acolhimento e da prece, pois, na realidade, sou ainda uma criança desatinada, reclamando arrimo e consolo.

Lembrem-se de que a morte não somente faz sofrer os mais velhos sem esperança, mas também os jovens quanto eu, que não soube conduzir e purificar a esperança de minha vida.

Jesus nos proteja com a paz. É o meu desejo.

João de Deus

Presentes: *Arnaldo Rocha, Ênio Santos, Elza Vieira, Laura Nogueira Lima, Geni Pena Xavier, Lucília Xavier Silva, Francisco Teixeira de Carvalho, Geraldo Benício Rocha, Áurea Gonçalves, Aderbal Nogueira Lima, Francisco Cândido Xavier, Francisco Gonçalves e Waldemar Silva.*

Comunicação recebida pelo médium *Francisco Gonçalves.*

Oração

Pai de amor e de sabedoria, dai-nos o amor que ainda não sentimos dentro do nosso coração. Pai, conduze-nos à oficina do bem, dando-nos a força de que necessitamos para auxiliar aos que sofrem mais do que nós mesmos. Pai, dai-nos o conforto de que carecemos contra o desânimo. Pai, dai-nos ainda a verdadeira capacidade de amar. Sabemos que todos os dias temos novas lições no mundo para nosso aproveitamento, mas ainda somos espíritos em sombra, sem a precisa disposição de aprender. Por isso, Pai de amor, dai-nos aquilo de que necessitamos, segundo a Tua vontade, em favor de nossa paz, a fim de que estejamos armados por Tua proteção infinita na luta contra nós mesmos! Faço esta prece, Senhor, rogando a libertação para nós todos, Tuas criaturas e Teus filhos, para que estejamos no aprendizado do verdadeiro amor com Tua bênção!

Jerônimo Cardelli

Presentes: *Arnaldo Rocha, Ênio Santos, Elza Vieira, Geni Pena Xavier, Lucília Xavier Silva, Francisco Cândido Xavier, Francisco Teixeira de Carvalho, Zínia Orsine Pereira, Áurea Gonçalves, Francisco Gonçalves e Waldemar Silva.*

Comunicação recebida pelo médium *Francisco Gonçalves.*

Paz

Paz é a bendita prece que Jesus nos ensina, todos os dias, inspirando-nos ao dever retamente cumprido!

Paz é a mão invisível de Deus a revelar-se no contínuo aprimoramento da natureza!

Paz é o nosso próprio esforço na edificação sublime do amor!

Em todas as nossas tarefas, a qualquer hora da vida, sejamos construtores da paz pela reta conduta no desempenho de nossas obrigações, porque assim estaremos orando e trabalhando em harmonia com o Pai de Amor Eterno e com todos os homens, nossos irmãos.

Que Jesus nos abençoe!

Jerônimo Cardelli

58ª reunião | 5 de dezembro de 1957

Presentes: *Arnaldo Rocha, Ênio Santos, Elza Vieira, Laura Nogueira Lima, Geni Pena Xavier, Lucília Xavier Silva, Francisco Teixeira de Carvalho, Geraldo Benício Rocha, Edite Malaquias Xavier, Álvaro de tal...,*[1] *Aderbal Nogueira Lima, Zínia Orsine Pereira, Francisco Cândido Xavier e Waldemar Silva.*

Comunicação recebida pelo médium *Francisco Cândido Xavier.*

Pagamento

Infelizes todos aqueles que trazem, cravado no coração, o espinho da culpa!

Por mais procurem entorpecer a consciência no ruído das festividades mundanas mais se lhes afunda no peito o grilhão do remorso, e por mais se elevem às culminâncias da galeria social mais se sentem amesquinhados no íntimo de si mesmos!

Riqueza e consideração pública não lhes sanam as chagas imanifestas. Proteção e favor não lhes atenuam a insegurança.

Para eles, a luz do sol é uma acusação permanente e a sombra noturna é um grito inarticulado de dor, que lhes agrava a solidão. Sorriem por fora, suportando por dentro amarguras inomináveis. Muitas vezes, exibem nas mãos títulos dourados que a sociedade reverencia, mas no imo da própria alma carregam consigo um inferno de maldição!

---

[1] O nome foi grafado assim mesmo pelo datilógrafo, conforme consta do registro original.

Sou um espírito assim, desditoso e atribulado, que, trazido ao vosso recinto por veneráveis benfeitores, se vos abre aos ouvidos à maneira do enfermo diante do médico generoso, ou à feição do crente perante o sacerdote.

Era eu jovem médico, atormentado pela vaidade e pela ambição. O ouro fácil dominava-me o pensamento. Enriquecer-me a qualquer preço era o meu objetivo fundamental. Por morte da minha mãe, a herança de nossa casa era realmente vultosa e por que meu pai não se compadecesse com a ausência dela, seguindo-lhe os passos na direção do sepulcro, só me restou para compartilhar a fortuna minha pobre irmã, Amália Maria, que, em seus vinte e três anos primaveris, era noiva de um rapaz futuroso e correto.

Não me resignei, todavia, com a ideia da divisão dos nossos haveres, demasiadamente expressivos em joias, dinheiro amoedado e vasta propriedade imobiliária. Imaginei a melhor maneira de desfazer-me da adorável criatura, que confiava em mim como a única pessoa capaz de garantir-lhe a felicidade.

Prevaleci-me de leve surto gripal para começar minha obra nefasta, administrando-lhe, pouco a pouco, os anestésicos que lhe abalariam para sempre a saúde física. Gradativamente, tisnei-lhe a lucidez mental. Dia a dia, confundi-lhe o cérebro, tentando afastar o interesse do moço que lhe disputava a mão de mulher nobre e digna.

Perdoai-me o luxo de minudências em minha confissão, entretanto, o criminoso precisa vasculhar todos os escaninhos da memória para desvencilhar-se do excesso de horror a si mesmo.

Quando minha irmã passou a revelar a condição de uma alienada mental perfeita, conduzi-a a exame de velho amigo, professor distinto, cuja cooperação indireta eu desejava no acabamento de minha obra funesta. Através de entendimento particular, falei-lhe de convulsões epileptoides inexistentes, referindo-me a sintomas que apenas surgiam no quadro de minha imaginação perversa.

Meu professor e colega entregou-se a detido exame da paciente e concordamos em que apreciávamos juntos um traumatismo encéfalo-craniano de alto calibre. Afastada minha irmã de nossa conversação, fiz-me solene, aventando a suspeita de uma hemorragia epidural. O amigo eminente meneou a cabeça, considerando que o meu diagnóstico era demasiado precoce, contudo, aquiesceu à minha insistência, no sentido de promovermos a ablação do cérebro para pesquisas naturais. Por minha própria iniciativa, minha irmã, sem enfermidade alguma, foi conduzida ao serviço cirúrgico, submetendo-se, inerme, à trepanação de sondagem. A craniotomia, entretanto, nada indicou de grave, porque a região avascular não demonstrava irregularidade alguma e o percurso da aca não sofria qualquer alteração.

Consciente de suas responsabilidades, o distinto operador interrompeu o trabalho e pediu-me tempo para uma conclusão satisfatória. Entregue, porém, aos meus cuidados no hospital, tomei a meu cargo a alimentação da enferma em convalencência para suprir todos os recursos vitalizantes que lhe pudessem devolver o equilíbrio. E prevalecendo-me de sua fraqueza progressiva apliquei-lhe entorpecentes de significativa expressão, que, ao fim de quarenta dias, lhe impuseram a morte.

Agora não havia qualquer entrave à realização de meus desejos. Afastada minha irmã do cenário físico, eu, que era materialista confesso, senhoreei a fortuna de nossa casa, esbanjando-a a meu modo, não obstante conservar significativo patrimônio para o futuro casamento que eu pretendia realizar. Entretanto, a sombra de minha irmã acompanhava-me os passos. Via-lhe o rosto em cada cliente que se valia de minha cooperação. Ideava-lhe o corpo em cada enfermo prostrado no gabinete de cirurgia. Se gastava alguma soma importante, lembrava-me dela, que devia partilhar comigo o dinheiro de nosso nome e assim, com o tempo, senti-me, igualmente, conturbado, até que em certa noite, justamente ao abeirar-me do matrimônio, sequioso de renovação e de alívio, quando conduzia meu carro, a sós, senti falhar-me a atenção, sofrendo um desastre de largas consequências. Esbarrando violentamente num poste, entrei, de imediato, em choque comatoso, sendo transportado para o mesmo hospital onde minha irmãzinha fora indevidamente internada para sofrer.

Chamado o mesmo professor, de cuja confiança me utilizara para a consumação do meu crime, determinou ele, sem intenção, fosse eu conduzido para o mesmo aposento e para o mesmo leito em que Amália Maria encontrara a morte. Submetido a exame, verificou meu amigo, junto de outros colegas, que eu era vítima de hemorragia progressiva causada pela rotura de pequenos seios venosos que acompanham as artérias meníngeas, exigindo trepanação imediata para a sondagem precisa.

Em verdade, fui operado com extremoso carinho. Em verdade, agora apenas a vida vegetativa ocupava-me o corpo, todavia, minh'alma respirava, desperta... Meu cérebro espiritual enlaçava-se-me ao cérebro físico, que não mais podia pensar e, através dele, ouvia a voz de minha irmã a perguntar-me pelo amor que eu lhe protestava cada dia, pela afeição de nossa meninice, pelo carinho de nossa infância, pela confiança de nossos pais... As lágrimas dela, como orvalho morno, caíam sobre mim, enquanto meus amigos, a se revezarem, circunspectos, aguardavam-me, em vão, o despertar.

Foi assim que eu também, entorpecido sem usar entorpecentes, durante quarenta dias consecutivos, experimentei a mesma flagelação que impusera à minha vítima, para desencarnar nas mesmas circunstâncias e encontrar os meus débitos, como havia deixado antes do berço, com agravantes dolorosos, porquanto minha irmã esperava-me os braços para tornar à Terra e refazer-se.

Entre nós, porém, temos hoje o meu remorso tardio e a considerável perda de tempo, que tudo faço para sanar, amenizando as dívidas que me oneram o espírito desditoso. É por isso que em me comunicando convosco trago-vos o fel da minha lição, solicitando a vossa prece em meu benefício e rematando as minhas palavras com um apelo a todos aqueles que se sentem fascinados pelo demônio do ouro, para que recuem no caminho da deliquência, para que não se atrevam à apropriação indébita, porque a vida continua como vida, além da morte, de nada valendo para nós a fuga dos tribunais humanos, de vez que todos caímos, quando culpados, nas engrenagens da Justiça Perfeita, que nos cobra, em favor de nossa própria felicidade, o pagamento de nossas dívidas, palmo a palmo e vintém a vintém.

A. P.

Presentes: *Arnaldo Rocha, Ênio Santos, Elza Vieira, Laura Nogueira Lima, Geni Pena Xavier, Francisco Teixeira de Carvalho, Geraldo Benício Rocha, Edite Malaquias Xavier, Aderbal Nogueira Lima, Zínia Orsine Pereira, Francisco Cândido Xavier, Esmeralda Bittencourt, Lucília Xavier Silva e Waldemar Silva.*

Comunicação recebida pelo médium *Francisco Cândido Xavier.*

Em louvor à humildade

Recordando o Natal,
Enriqueça de paz e de contentamento
O lar em que te encontras.
Toda a alegria honesta é sempre bela e pura.
Alonga as mãos fraternas
No presente de amor às afeições queridas.
A amizade sem sombra é um tesouro sublime.
Cede as sobras da mesa aos filhos do infortúnio
Espalhando consolo,
Que toda caridade é sempre grande e santa.
Rende louvor ao Céu,
Canta, abençoa e vive
Orando, alegremente!
A fé, por toda parte, é milagroso pão.

Não olvides, porém, que Jesus, o Senhor,
Antes do regozijo,
Nas bodas de Caná,
Antes do afeto extremo
Aos amigos do Lago,
Antes do auxílio justo
Aos doentes e aos tristes,
E antes mesmo da prece,
Em momentos supremos,
Buscando a manjedoura, por refúgio divino,
Ensinou que a humildade
É a base da esperança,
A força do trabalho
E o selo da vitória
Na ascensão para a Luz.

Dario Veloso

1958

Francisco Gonçalves

Presentes: *Arnaldo Rocha, Ênio Santos, Elza Vieira, Francisco Gonçalves, Laura Nogueira Lima, Geni Pena Xavier, Geraldo Benício Rocha, Antônio Inácio de Melo, Edite Malaquias Xavier, Aderbal Nogueira Lima, Francisco Cândido Xavier, Zínia Orsine Pereira e Waldemar Silva.*

Comunicação recebida pela médium *Zínia Orsine Pereira.*

Um sofredor

Vocês não podem fazer ideia do que seja um espírito mergulhado em escuridão enorme, sem saber, ao certo, se se não enxerga é por que está escuro ou por que está mesmo cego.

Sentir-se mergulhado numa atmosfera de remorso e de intranquilidade, sabendo que é culpado, reviver dia a dia, minuto a minuto o seu crime, sentindo a extinção das suas forças sem saber se o seu martírio durará eternamente é tão duro e cruel que estremeço só ao me recordar dessa tortura que me alimentou por mais de 69 anos.

Via o tempo passar com uma monotonia enlouquecedora, ignorando se era dia ou se era noite. Esperava sucumbir a todo instante, sabendo que já era morto, mas por que minha agonia

---

[1] Não há registro da 60ª reunião, no dia 19 de dezembro de 1957, provavelmente cancelada em função de recesso de fim de ano. Não há registros igualmente das reuniões nos dias 26/12/57 e 02/01/58, o que depreendemos que o Grupo Meimei retomou suas atividades em 9 de janeiro de 1958, com a 61ª reunião.

continuava ainda, o meu coração era um cofre de amarguras, revolta e ódio.

Quantas vezes pensei ter enlouquecido!... As minhas lágrimas, os meus gritos não tinham eco, mas, por mercê de Deus, depois de muito sofrer e de muito chorar, a criança que eu persegui e matei, aquela carne preta que trazia o sangue do meu sangue, que me envergonhava tanto, foi quem me procurou, teve dó de mim e me trouxe aqui, favorecendo-me outras oportunidades.

Eu peço a todos que me ajudem, pelo amor de Deus!

Tudo fiz movido pelo orgulho, gênio satânico que corrói os nossos próprios corações, mesmo antes de atingirmos àqueles a quem desejamos exterminar.

Ai de mim que não consegui livrar-me desse terrível orgulho antes da morte e encontrei aqui, dentro e fora de mim mesmo, o verdadeiro, o temeroso inferno.

Só peço agora, e espero que Deus me dê outra encarnação para que eu possa esquecer esse maldito passado. E que vocês me ajudem, pelo amor de Deus!

Um irmão sofredor

Presentes: *Arnaldo Rocha, Ênio Santos, Elza Vieira, Geni Pena Xavier, Laura Nogueira Lima, Lucília Xavier Silva, Francisco Teixeira de Carvalho, Geraldo Benício Rocha, Antônio Inácio de Melo, Ursulina de tal,*[1] *Edite Malaquias Xavier, Neuza Rocha, Aderbal Nogueira Lima, Francisco Cândido Xavier, Zínia Orsine Pereira, Waldemar Silva e Paulo de tal*[2].

Comunicação recebida pela médium *Zínia Orsine Pereira.*

Em louvor à natureza

Meus amigos, estudioso como fui sempre das ciências naturais, passo aqui hoje, não como mestre, mas como amigo, procurando incentivar naqueles cujos espíritos estão ainda aferrados ao sentimento da vaidade e do orgulho a necessidade que temos de estudar e compreender Deus através da natureza, neste livro sagrado que Ele nos legou para nosso próprio reconforto.

Quando aí na Terra, sempre que o desalento me batia às portas do coração, eu volvia o meu pensamento para a tranquilidade, a lição e o equilíbrio que o homem pode encontrar den-

---

[1 e 2] O nome foi grafado assim mesmo pelo datilógrafo, conforme consta do registro original.

tro de si mesmo, na função fisiológica do seu próprio organismo e fora de si, através da natureza. Era ela para a minha alma um livro aberto e eu a admirava na sua simplicidade sem par.

Em tudo, ordem, esforço e trabalho: os dias quentes e claros como que um convite ao homem para o trabalho honesto e a labuta cotidiana, as noites frescas e serenas para o descanso do corpo, o sol a brilhar, não somente para os bons, e a chuva a não pedir recompensas para fertilizar a Terra e dessedentar os seus habitantes.

Esse estudo e todas essas meditações fizeram-me um bem enorme! Tornaram-me mais humilde e menos egoísta, e me auxiliaram grandemente no meu despertar aqui. Esta nossa palestra não tem o sabor da novidade, porque o assunto já foi muito ventilado e repetido aqui, entretanto, se conseguirmos com estas nossas palavras fazer um pouco de alento, um pouco de levantamento aos nossos irmãozinhos desencarnados que aqui nos vieram visitar hoje, com os corações cheios de ódio e de desalento, a nossa palestra terá, para nós, a doçura do mel.

Portanto, meus amigos desencarnados que aqui estão, recebam a nossa vontade de ajudá-los, recebam o nosso carinho, o nosso afeto, para que, de amanhã em diante, o caminho de vocês seja iluminado!

Fizemos como estudo de hoje, na sua grande operosidade, a árvore, que, como um símbolo singelo, nos dará exemplos de ordem, de trabalho, de silêncio e de renúncia. Fixando as suas raízes no solo, eleva a sua fronde para o alto, tranquila e serena, como a pedir a Deus bênçãos e entendimento para os homens aos quais ela serve. Agasalha, amorosamente, nos seus ramos os ninhos e os pássaros. Distribui sombra e frescura ao viajor cansado que lhe busca a proteção. Alimenta aqueles que lhe procuram os frutos maduros e doces, e embala, com o aroma de suas flores, o ar, as matas e as fontes, sem se ressentir com as pedradas, com as podas inoportunas e com o esfacelamento de seus galhos. As suas folhas fornecem, ainda, remédio para muitos males e depois de percorrido todo seu grande ciclo de ajuda e de bênçãos, entrega, sem revolta, a sua madeira para fabrico de utensílios domésticos e para o conforto dos lares. Ainda, ao tombar o corpo cansado do homem, é a árvore amiga que lhe empresta o último abrigo para sua matéria deixada pelo espírito. Se a árvore, silenciosa, dá sempre, sem nada pedir, o que não deverá fazer o homem que recebeu de Deus o dom da inteligência, da razão e da fé?

Imitemos, meus amigos, a árvore prestativa e boa, e quando nosso coração estiver a ponto de blasfemar, busquemos, nós, os homens, que nos consideramos o "rei" da Criação, os exemplos sadios e edificantes no reino inferior, onde encontramos as mais belas lições de trabalho, de silêncio, de renúncia e de amor.

Um amigo,

Francisco Magalhães

Presentes: *Arnaldo Rocha, Ênio Santos, Elza Vieira, Francisco Gonçalves, Laura Nogueira Lima, Geni Pena Xavier, Lucília Xavier Silva, Francisco Teixeira de Carvalho, Geraldo Benício Rocha, Edite Malaquias Xavier, Neuza Rocha, Aderbal Nogueira Lima, Francisco Cândido Xavier, Zínia Orsine Pereira, Maria da Cruz, Áurea Gonçalves e Waldemar Silva.*

Comunicação recebida pela médium *Zínia Orsine Pereira.*

Amigo de regresso

Meus novos amigos, se assim me externo é devido a uma grande surpresa que encontrei em vocês e nesta casa, na minha penúltima visita. Essa surpresa é a da amizade desinteressada, coisa em que jamais acreditei.

Nas duas primeiras vezes em que por aqui passei, julguei vocês todos meus adversários. Só via traição por onde passei e voltei mais rebelado ainda, mas agora compreendo que errei e errei muito. Vocês só visam a minha tranquilidade. Acontece que quando temos uma ideia fixa dentro do coração, ela nos invade todo o ser e se cristaliza de tal forma que passamos a ver inimigos naqueles que pensam diferente de nós.

Com certeza, devem se lembrar de minha passagem por aqui. Eu era perseguido, dia e noite, sem parar, por uma luz intensa e fria, que me penetrava o coração, devassando todos os recônditos de uma alma revoltada, incrédula, criminosa e, sobretudo, infeliz. O meu erro era o meu ídolo, o meu tesouro, e não compreendia a vida de outra forma. Sofri muito, mas como o bem está sempre a cavaleiro do mal, fui dominado pela dor e cheguei à conclusão de que não era aquela luz que me feria, mas era, antes, o negrume de minha alma, que, procurando, debalde, ofuscar aquela luz, me dava a impressão dolorosa de choques elétricos, destrutíveis e terríveis!

Sofri muito, mas agora estou certo de que contra a "força" não há poder. Esta força incomensurável, esta avalanche poderosa e irresistível é o amor de Deus! Mil vezes deveríamos preferir, se possível fosse, o aniquilamento do nosso próprio espírito a lutar contra esse Poder Supremo, como fiz eu! Quanto mais sofria mais lutava, quanto mais lutava mais revoltado me tornava!

Agora, não sei se terei forças para enfrentar uma nova vida e suportar tudo resignadamente. Mas, para mim, não tenho outro caminho, pois terei que recolher todos os espíritos que eu mesmo espalhei.

Que Deus me ampare e me torne um paralítico, um cego e um mudo, para que a revolta não me faça errar e nem perder a oportunidade que vou ter.

Januário Teixeira

Presentes: *Arnaldo Rocha, Ênio Santos, Elza Vieira, Francisco Gonçalves, Geni Pena Xavier, Laura Nogueira Lima, Lucília Xavier Silva, Francisco Teixeira de Carvalho, Edite Malaquias Xavier, Maria da Cruz, Neuza Rocha, Aderbal Nogueira Lima, Francisco Cândido Xavier, Geraldo Benício Rocha e Waldemar Silva.*

Comunicação recebida pelo médium *Geraldo Benício Rocha.*

Penitência

Deveria usar outra saudação, mas é tão profunda a emoção, a consternação que me envolve neste momento é tamanha, que não tenho coragem de usar as expressões usuais próprias, que há algum tempo, também como espírita, usei.

Dizia-me espírita através de dezenas, de centenas, de milênios mesmo. Tenho lutado pela aceitação do Evangelho e a bondade do Senhor me concedeu na última jornada o quanto lhe pedi para que pudesse, no seu santo nome, resgatar com amor, com carinho, com dedicação de profissional da medicina quanto de sofrimento eu havia infrigido por sua causa por aqueles que aceitavam a sua doutrina, a consolação da sua palavra, a exortação de sua fé.

Adquiri fortuna razoável, constituí família digna e respeitável. O campo das responsabilidades doutrinárias se dilataram e aceitei-as com a alegria de uma alma que começa a cumprir o seu dever. A missão na medicina chamava-me e apesar de já quase velho, abracei os estudos e fui feliz.

Projetei-me e quase tive nome. O orgulho, entretanto, cegou-me. Relatos do passado que me chegaram às mãos, relatos muito importantes, reminiscências de milênios, ao invés de transformarem a minha alma em pedra burilada, onde se pudesse escrever, onde se gravasse com caracteres de fogo para que não mais se apagasse a humildade, a fé e o amor, reavivaram com letras de fogo o orgulho, a vaidade e todos aqueles sentimentos que há quase mil anos me fizeram usar um chicote.

Compreendeis que seja natural que me fuja às expressões em que persegui os discípulos do Senhor.

Recusei as reminiscências que deviam conduzir-me para o bem. Fechei as portas do Evangelho que abriam para a minha alma. Tentei discutir, negar a verdade, destruir, como se me fosse possível, o que vinha mostrar a pusilanimidade do meu proceder.

Encastelei-me na ciência adquirida, fugi de todos os companheiros que me abriam os braços no campo da fraternidade evangélica. Neguei todos os conhecimentos e todas as possibilidades dos títulos e da prática honesta (Deus seja louvado!) da medicina. Tornei-me mais rico. Tornei-me conhecido e dei, como se quisesse destruir todas as lembranças do passado, tudo quanto constituía ensinamentos do Evangelho. Fiz-me cego diante das luminosidades que o Senhor havia me concedido. Fiz-me surdo diante da sua voz, que me chamava novamente para o seu aprisco e para o seu coração.

Enfermidade veio – não senti a morte, porque tamanha era a dor do derrame que apenas as contrações musculares do meu organismo sentiu a vida, mas ela em si mesma havia sido fulminada.

Mas a misericórdia do Senhor não cessou. Fui recolhido por companheiros de outrora, que dirigem com o coração, com amor e com as lágrimas esta casa.

Prece de companheiros do passado milenário sustentaram-me e fui socorrido nesta casa por companheiros espezinhados e esquecidos, criticados, e aqui me encontro para receber mais antídotos para o meu espírito, mais forças para o meu corpo para que volte cego, novamente, nesta Terra, para que volte a esmolar para adquirir a humildade, com um desejo imenso de saber, sem poder, todavia, testemunhar as grandezas de sabedoria, pois serei cego.

Eu estou comovido, senhores, não mais orgulho tenho. E a comoção é tamanha que as ideias se baralham, se confundem.

Quando falo do fenômeno da morte, sinto como se me comprimisse a cabeça, através do derrame que me levou. Sinto que a vista escurece, escurece, e na minha frente vejo a preparação de uma reencarnação.

Mas vim trazer aos companheiros que me ouvem, da Terra e do Espaço, o meu agradecimento, o meu saudar e a minha súplica de amparo.

Eu sou o Waldemar de Freitas.

Deus conosco!

Waldemar de Freitas

Presentes: *Arnaldo Rocha, Ênio Santos, Elza Vieira, Gil de Lima, Laura Nogueira Lima, Francisco Gonçalves, Geni Pena Xavier, Lucília Xavier Silva, Francisco Teixeira de Carvalho, Edite Malaquias Xavier, Eunice Cerqueira, Neuza Rocha, Aderbal Nogueira Lima, Francisco Cândido Xavier, Geraldo Benício Rocha, Maria da Cruz e Waldemar Silva.*

Comunicação recebida pelo médium *Geraldo Benício Rocha.*

Sacerdote amigo

Eu ia para Santa Rosa a meditar na morte e tinha medo, tinha muito medo mesmo! Eu cria que havia de morrer, que eu havia de ficar debaixo da terra, então eu via lá aquela laje muito grande que todos os padres ali do convento tinham que ficar debaixo dela.

Eu ficava nervoso, rezava, rezava, rezava, e não tinha um momento de alegria mais! Eu fiquei como doido e morri mesmo, e quando acordei, no meio de tanto caixão, de tanto esqueleto, de tanto homem que me chamava "Padre!... Padre!... Padre!...", meditei: eu estou doido, pois estou ouvindo, não morri! E fiquei apavorado! Acordei gritando, lá na outra casa, quase há cinco anos. Eu estava doido!...

Abriram a sepultura, a pedra corria atrás de mim, e eu fiquei desorientado! Mas os senhores me ensinaram o Evangelho de Jesus segundo o Espiritismo!

Muito grande coisa foi para mim e tive uma alegria muito grande no coração, pois encontrei minha mãe, meu irmão, encontrei a minha gente com esclarecimento muito maior do que o meu, aí, na campanhia dos senhores!

Então fiquei aprendendo a doutrina do Espiritismo nesta casa. Foi, para mim, motivo de muita alegria! Curou-me a falta de memória, o entendimento, e eu vi que estava aqui no Brasil, na terra de igualdade, de fraternidade, de sentimento e de amor ao próximo e respeito a Deus.

Eu não tinha que respeitar passado de glórias de família, mas amar o próximo, todos irmanados naqueles sentimentos bonitos de Jesus, nosso Senhor.

Aprendi muito e estou aprendendo ainda. Agora, até já me sinto com mais facilidade de falar. Falo a toda gente, como eu mesmo, que não compreende direito palavras de brasilidade, e venho agradecer a Jesus a graça de estar em contato com os senhores, irmãos, irmãs, amigos, companheiros, e a tanta ajuda, tantos benefícios!

Quero pedir a todos lembrar o estrangeiro que ainda não sabe falar.

A morte é mistério muito grande! Não pensem os senhores que morreu vai entender as coisas, não! A gente fica como que vivo, vendo o corpo de carne, mas não é de carne, e daí as dificuldades para compreender!...

O Evangelho de nosso Senhor Jesus Cristo é fraternidade, hospitalidade, que reúne as criaturas debaixo da bandeira misericordiosa e sacrossanta da paz, da alegria, da felicidade e do entendimento. Adeus, meus irmãos! Paz a todos!

---

[1] Espírito comunicante não identificado. No original datilografado há o seguinte registro ao final da mensagem: '?'.

Presentes: *Arnaldo Rocha, Ênio Santos, Elza Vieira, Francisco Gonçalves, Laura Nogueira Lima, Gil de Lima, Geni Pena Xavier, Lucília Xavier Silva, Francisco Teixeira de Carvalho, Edite Malaquias Xavier, Neuza Rocha, Aderbal Nogueira Lima, Francisco Cândido Xavier, Geraldo Benício Rocha e Waldemar Silva.*

Comunicação recebida pelo médium *Geraldo Benício Rocha.*

Recomeço

Meus amigos, cheio de fé e de alegria, que a minha voz se erga em uníssono na vossa para louvarmos a Jesus pelo entendimento nascido em vosso coração, pelo vosso esforço em conjunto de há muito, apesar das épocas diferentes, para interpretarmos o seu Evangelho, para contribuirmos, de algum modo, na sementeira da evangelização aos nossos irmãos na Terra e no Espaço.

Militante, como vós, fui no Espiritismo, entretanto, sem ser uma alma infeliz, e sem ser também um luminar do Espaço, venho, através de muitos anos, lutando, trabalhando para corrigir as falhas do meu proceder na última vida. Mas louvo ao Senhor, porque o entendimento não me falhou! O seu conselho me guiou em todas as horas e eu pude, de coração aos seus pés e de joelhos, muita vez, diante dos meus inimigos, diante daque-

---

Mensagem originalmente sem título, o que foi feito para a composição do presente volume.

les que eu ofendi, diante daqueles que eu soube desrespeitar, soube ofender e apesinhar noutras épocas, pude, desta vez, de joelhos, lhes suplicar perdão e muitas vezes, graças ao entendimento que o Senhor nos concede, pude encaminhá-los e vós muito me valestes nesse particular.

Hoje, me concederam, os nossos maiores, os orientadores do vosso e do nosso trabalho, a possibilidade de uma palavra para treinar-me novamente no contato com o bendito santuário da carne.

De há muito perdi esse contato, de há muito perdi o agradável deste calor que este templo sublime nos proporciona ao espírito, concedendo-nos, nas vinte e quatro horas de rotina da vida diária, pelo menos dez de pleno esquecimento das nossas angústias, dos nossos erros, pesares e sofrimentos.

E é com verdadeira alegria que eu venho fluir no vosso meio esse dom de falar, o dom de ouvir, de sentir, de chorar, de pedir e sorrir, e mesmo de errar, porque os olhos do espírito se encontram mais sedados... Apenas a intuição... Apenas uma reminiscência do que nos propomos a seguir nos dias sagrados do labirinto da carne.

Mas como é agradável, depois de 52 anos de contato com os desafetos, com os erros, com a própria consciência, livro que não se cala, que não se apaga e não se estraga, caracteres que não mudam, não escurecem, voltar, novamente, a viver a vida da carne! Reaprender, recomeçar cheio de entusiasmo, vendo a cada dia o sol despontar e um pouco mais de horas ver a noite calma e serena descer, e o sono nos fazer esquecer!...

Deus é muito misericordioso! Estou certo de que me esforçarei, que aprenderei, que resgatarei muito! Terei a tolerância, a boa vontade, o esforço e a dedicação para as minhas novas responsabilidades, mas antes que a minha personalidade se torne introspectiva, antes que eu comece o processo de renascimento, vim aqui aurir mais um pouco de forças, ver as responsabilidades que pesam sobre os médiuns, sobre os dirigentes, sobre as organizações evangélicas, a situação, finalmente, em que se apresentam hoje os nossos irmãos desencarnados, para voltar a viver neste bendito templo.

Eu agradeço ao Senhor a graça que me concedeu e, por certo, mesmo inconscientemente, virei buscar a prece reflexa que aqui fazeis em meu benefício.

Deixo-vos um adeus, que não será até breve, porque muito tenho que lutar e, possivelmente, nos encontraremos nestes caminhos do Senhor.

Eu vos saúdo em seu nome.

Peço-lhe que derrame sobre vossos corações essa tranquilidade de todos que cumprem os seus deveres, sobre as vossas inteligências e espíritos aquela sabedoria de discernir, sobre o vosso proceder aquela harmonia imprescindível para que exemplifiquemos, ou que exemplifiquem, o discipulado do Evangelho.

A todos, muita paz, muita bênção e muita luz do Senhor!

Gregório

Presentes: *Arnaldo Rocha, Ênio Santos, Elza Vieira, Francisco Gonçalves, Santinônimo Vieira, Geni Pena Xavier, Lucília Xavier Silva, Francisco Teixeira de Carvalho, Nélio Cerqueira, Antônio Inácio de Melo, Aderbal Nogueira Lima, Francisco Cândido Xavier e Waldemar Silva.*

Comunicação recebida pelo médium *Francisco Cândido Xavier.*

Esperança, paciência e oração

Meus amigos, louvado seja nosso Senhor Jesus Cristo!

Descerrando as páginas do Livro da Vida, encontraremos na epístola do apóstolo Paulo aos romanos, no capítulo número 12, versículo número 12, a sábia advertência:"Alegrai-vos na esperança, sede pacientes na dor e perseverai na oração".

Todos no mundo esperam algo, mas sem alegria na esperança muitos se transviam. Todos sofrem algo, mas sem paciência na dor muitos se desesperam. Todos desejam algo, mas sem persistência na oração muitos se desanimam.

Abatimento moral, desespero do coração, intemperança na alma – três flagelos que tentam as criaturas humanas cada dia em sua peregrinação para a eternidade.

Todos nós, encarnados e desencarnados, fora dos liames do indumento físico, ou jungidos ainda a ele, necessitamos da esperança, da paciência e da prece à feição de alimento invisível que nos garanta a limpidez de consciência, a tranquilidade mental e o estímulo ao trabalho, como quem sabe que todos os patrimônios da vida pertencem a Deus, nosso Pai Celestial.

E não vos enganeis quanto à necessidade de conservardes no campo da carne semelhante depósito, se não desejais o assalto de surpresa daquelas forças que nós próprios atraímos com os débitos de nosso passado multimilenar, forças que nos ensombram o caminho, porque tecidas na treva de nossos próprios erros, que nos identificam onde quer que estejamos, porque se enraízam no solo mesmo da nossa própria mente denegrida por gravames que ainda não podemos inventariar e que nos buscam como buscamos, outrora, os próprios motivos de nossas culpas.

Esperança contente, paciência incansável, coração persistente!... Remédio ao alcance de todas as consciências, medicamentos fornecidos gratuitamente pela farmacopeia celestial, recursos que a medicina da eternidade espalha, a mãos cheias, em benefício de todos nós!...

Entretanto, para esperar com alegria, para guardarmos o tesouro da paciência e para orarmos quando a tempestade se faz devastadora, é necessário que o nosso espírito esteja vigilante, usando o leme da própria vontade, a fim de que não venhamos a perder os nossos próprios valores ante as forças sombrias que nós mesmos desencadeamos sobre nós.

Meus amigos, não há maior mensagem para a noite de hoje! Não há palavras mais sábias, aviso mais sublime, carta mais confortadora! É por isso que nos despedimos rogando ao nosso Senhor Jesus Cristo nos conserve em sua bendita paz!

Ozias

68ª reunião | 27 de fevereiro de 1958

Presentes: *Arnaldo Rocha, Ênio Santos, Elza Vieira, Francisco Gonçalves, Laura Nogueira Lima, Geni Pena Xavier, Lucília Xavier Silva, Francisco Teixeira de Carvalho, Francisco Cândido Xavier, Antônio Inácio de Melo, Edite Malaquias Xavier, Gil de Lima, Aderbal Nogueira Lima, Zínia Orsine Pereira, Geraldo Benício Rocha e Waldemar Silva.*

Comunicação recebida pelo médium *Geraldo Benício Rocha.*

Preleção educativa

Louvado seja nosso Senhor Jesus Cristo!

A morte surpreendeu-me em minha terra natal, não obstante não ser moço, mas ainda cheio de anelos.

Como todo pai ativo e trabalhador, desejava ver os meus filhos formados, porém a surpresa foi extraordinariamente desagradável, acrescida ainda de penosa lembrança de ver os meus filhos, minha esposa, meus amigos, discípulos, que eu julgava terem se esquecido do velho professor, derramarem lágrimas e levarem à beira do túmulo o testemunho de uma amizade, de uma admiração e de um respeito extraordinários!

Confundia-me essas manifestações, porque não compreendia que houvesse morrido!

Sentia dores, chorava, sentia que choravam por mim; me dirigia a todos e ninguém me reconhecia, ninguém me falava, então meu corpo enregelado desceu para a terra.

Enlouqueci e saí como um doente, gritando por socorro, misericórdia, Senhor, e caí de joelhos no velho adro da Matriz.

Orei com as forças e a fé de um cristão.

As portas se abriram novamente, de par em par, e cantei um *Te Deum* pomposo, com músicas, com orquestra dirigida por velhos músicos que me receberam, e alguém me sussurrou que eu estava no céu.

O ambiente festivo, sagrado, o respeito por aquela religião que eu embalara a alma durante toda a vida tranquilizou-me um pouco e permanecemos, assim, vários dias. No entanto, o coração da esposa e dos filhos, as lágrimas, a voz dos amigos, por intermédio de preces pedindo que o Senhor me conservasse no céu, me perturbavam como vento sacudindo a árvore no meio do campo. E pude fugir àquelas cerimônias, apesar de respeitáveis, mas extremamente pomposas, que não satisfaziam a minha alma inquieta, porque eu desejava consolação, eu desejava entendimento na minha situação como homem, como morto, como criatura, e não podia ver, sobretudo, a minha escola, os meus alunos dispersos, e nessa preocupação orei novamente.

Então um magneto poderoso atraiu-me a cidades desconhecidas. Passei novamente a ver discípulos que não mais me preocupava com eles.

Fui levado a uma assembleia semelhante a esta e vi, então, que a nova geração tinha conhecimentos que eu nunca supus. A alma não estava condenada aos céus, ao inferno, ao purgatório. Havia uma sequência maravilhosa de vida exuberante de inteligência, de amor, de progresso, de entusiasmo em torno de tudo e de todas as coisas! E com alegria eu vi que eu fazia parte dos seres vivos e inteligentes da vida! Eu não era o fantoche, a alma inanimada, metamorfoseada no meio de uma igreja secular. Bela, respeitável embora, mas que não sentia as dores mesmo daqueles que eram fibra do meu próprio coração, daqueles que eram o sangue do meu sangue, daqueles que vibravam entrelaçados e harmoniosamente com a minha alma!...

Espantou-me, surpreendeu-me, que nessas assembleias respeitáveis clérigos nelas tomassem parte: D. Joaquim, D. Silvério, padre Caldeira e vários e respeitáveis amigos, juízes, militares, advogados, médicos, religiosas e velhos mestres de escola!

Aquela força continuava como que balouçando, ninando a minha alma, e os conhecimentos vinham, pouco a pouco, como alguém cansado que galgasse uma montanha e com o sopro da brisa fosse assenhorando-se de si mesmo.

Meu coração encontrou tranquilamente aquela paz, aquela harmonia de discernir, alegria de viver, o contentamento de saber que eu poderia ainda produzir, aprender, ensinar, chorar, rir e aconselhar.

Procurei os meus filhos, o ceticismo inquietante dominava-lhes a alma. Por maior entusiasmo que lhes falasse sobre a minha descoberta da nova ciência de viver, eles mantinham-se ignorantes, incrédulos da situação. Então veio-me à memória: "Quem é o meu pai? Quem é a minha mãe? E quem são os meus irmãos? Vós os conheceis?" – palavras da Sagrada Escritura. E vi então nos velhos discípulos que eu ainda tinha-lhes um carinho como de meninos; criaturas cujas mentes desenvolveram-se grande e brilhantemente no setor das ciências psíquicas, e a nova filosofia empolgou-me a alma. Louvado seja o Senhor! Os méritos não tive, mas a misericórdia de Deus premiou-me o esforço de bem servir à juventude da minha terra que a mim havia sido confiada. E as preces, as lembranças carinhosas, eram como que gotas de orvalho que iluminavam, acalentavam a minha alma cheia de dissabores. Passei a ver então na assembleia a mão divina que me orientava para uma compreensão maior, para um mundo melhor, para um mundo diferente, de utilidade, de compreensão e de progresso para todas as criaturas humanas. Passei a fazer parte dessa assembleia – ela se interligava a outras assembleias na sucessão dos conhecimentos, na dilatação do meu espírito, da minha visão e do meu entendimento. E eis que aqui vim, ligado que estou a muitos desta casa. E é a primeira vez que vos falo como espírito, não obstante ser membro integrante dos espíritos do Senhor. E a minha alma se engrandece na grandeza do Senhor por louvar-lhe a misericórdia, a bondade e as bênçãos que nos concede.

Saúdo, pois, aos filhos de Deus, aos amigos que se congregam nessas assembleias, e agradeço-vos a hospitalidade. Aprenderei convosco, viverei os vossos problemas de iluminação e de discernimento, e naquilo que as minhas humildes possibilidades puderem estarei como o obreiro da última hora, construindo o pálio luminoso que nos amparará da ignorância constante!

Manoel da Silva Pinto

Presentes: *Arnaldo Rocha, Ênio Santos, Elza Vieira, Francisco Cândido Xavier, Laura Nogueira Lima, Geni Pena Xavier, Lucília Xavier Silva, Francisco Teixeira de Carvalho, Geraldo Benício Rocha, Antônio Inácio de Melo, Gil de Lima, Neuza Rocha, Aderbal Nogueira Lima, Zínia Orsine Pereira, Francisco Gonçalves e Waldemar Silva.*

Comunicação recebida pelo médium *Francisco Gonçalves.*

Palavras de reconforto

Que a paz divina esteja convosco, meus irmãos!

A hora é chegada para a nossa libertação e por isso devo a mim mesmo algumas palavras nesse sentido.

Renovemos a alma, aprimorando o pensamento na obra do bem, conforme a promessa que fizemos perante Jesus. Cada um de nós assuma a própria responsabilidade diante da lei divina!

O trabalho do progresso espera por nós e é no trabalho que nos cabe dar o exemplo.

Tenho lutado muito para corrigir falhas anteriores, cuja gravidade eu mesmo não sabia. Tenho ainda a impressão de que sou uma criatura a iniciar as primeiras sílabas no "abc" da vida.

Agora, trago toda a minha atenção voltada para o serviço libertador. Jesus, grande enviado do Pai de Misericórdia, deu-me a presente oportunidade de aprender e amar dentro da tarefa em que me encontro, na qual me associo aos irmãos de boa vontade para cumprir meus deveres. E é no desempenho desses deveres que me vejo sempre mais feliz ao vosso lado, em nossas reuniões, noite a noite!

E é ainda, por isso, que em nome de Jesus vos digo que só no trabalho do bem é que encontramos, com nosso divino Mestre, a nossa libertação, porquanto o esforço nobre de hoje nos traz sempre a surpresa feliz de amanhã.

Jesus nos abençoe.

Jerônimo Cardelli

Presentes: *Arnaldo Rocha, Ênio Santos, Elza Vieira, Francisco Cândido Xavier, Laura Nogueira Lima, Geni Pena Xavier, Lucília Xavier Silva, Francisco Teixeira de Carvalho, Geraldo Benício Rocha, Gil de Lima, Edite Malaquias Xavier, Neuza Rocha, Aderbal Nogueira Lima, Zínia Orsine Pereira, Francisco Gonçalves, Áurea Gonçalves e Waldemar Silva.*

Comunicação recebida pelo médium *Francisco Gonçalves.*

Lutar

Meus amigos, deu-nos Jesus tudo aquilo de melhor para a solução de nossas necessidades.

Deu-nos a força, a inteligência, com a luz da boa vontade que devemos cultivar uns para com os outros.

Compreendi, pouco a pouco, semelhante verdade e reconheço que o Mestre nos arma a todos para a luta do bem.

Por isso é nossa obrigação lutar para aprender, conhecer e saber, lutar para progredir e melhorar e lutar ainda para corresponder ao amor do nosso Instrutor divino, que também lutou para amar-nos, legando-nos, a todos, por sua luta sublime, o tesouro da lei de amor, a grande paisagem da eterna vida!

Lutemos, pois, sempre, para ajudar sem exigir ajuda daquele ou desse irmão, sabendo que a todos nós cabe o dever de lutar pela vitória do bem, como soldados que somos do Cristo, nosso Senhor!

Jerônimo Cardelli

Presentes: *Francisco Teixeira de Carvalho, Ênio Santos, Elza Vieira, Francisco Cândido Xavier, Laura Nogueira Lima, Geni Pena Xavier, Edite Malaquias Xavier, Geraldo Benício Rocha, Gil de Lima, Áurea Gonçalves, Aderbal Nogueira Lima, Zínia Orsine Pereira, Francisco Gonçalves e Waldemar Silva.*

Comunicação recebida pelo médium *Francisco Gonçalves.*

Estudemos e trabalhemos

Meus amigos, Jesus nos abençoe!

A vida tem sido para mim um caminho longo, demasiadamente longo, por falta de direção que me fizesse aproveitar o tempo. Somente agora compreendo, com o amor de Jesus, a nossa obrigação de preparar o futuro. Devo essa bênção à Doutrina que nos irmana, cujo calor divino me elevou à temperatura da fé sob novo ideal.

Raiaram novos dias para a minha esperança! Raiaram novas lutas para a melhoria de minha vida!

Como quem se afasta do egoísmo doméstico, saí de mim mesmo ao encontro do amor fraterno e puro!

É por isso que estou convosco, não pela cultura, mas pela sinceridade, não pelo raciocínio, mas pelo coração, rendendo louvores a Deus pela felicidade das nossas noites de quintas-feiras, das quais fiz extensão da minha escola de trabalho e de luz!

Estudemos e trabalhemos, pois, meus amigos!

Estudemos na base do conhecimento que procura crescer para amar com mais amplitude e com mais esperança, certos de que todo o bem dispensado aos outros será o bem construído para nós mesmos!

Que Jesus, meus irmãos, nos proteja e nos abençoe!

Jerônimo Cardelli

Presentes: *Arnaldo Rocha, Ênio Santos, Elza Vieira, Francisco Cândido Xavier, Laura Nogueira Lima, Geni Pena Xavier, Lucília Xavier Silva, Francisco Teixeira de Carvalho, Geraldo Benício Rocha, Antônio Inácio de Melo, Edite Malaquias Xavier, Gil de Lima, Aderbal Nogueira Lima, Zínia Orsine Pereira, Francisco Gonçalves, Áurea Gonçalves e Waldemar Silva.*

Comunicação recebida pelo médium *Francisco Gonçalves.*

Amizade e união

Que a paz divina esteja convosco como sempre, meus queridos irmãos!

Imanados em um só caminho para a verdade no campo imenso da vida, apoiemo-nos em Jesus, no trabalho de cada dia, buscando-lhe a divina inspiração, de modo a fundir as sombras do passado na luz do futuro, porquanto a nossa união no trabalho construtivo é necessidade premente para a vitória.

Ontem, por exemplo, sentia-me abatido. Hoje, convosco, sinto-me restaurado. Pergunto eu: como houve essa transformação? E meu coração responde que só a união convosco à procura de Deus é a luz dessa jornada em que consigo entender a orientação de Jesus com mais clareza.

Eu sempre fui humilde, mas, com a boa vontade, alcancei na cooperação o melhor dote do meu espírito. Agora, tudo vejo melhor em mim e tanto, como vocês, agradeço a Jesus, não só por mim, mas por todos os nossos irmãos.

Peço a vocês desculpas, porque tenho sido até imprudente em lhes falando todas as noites, mas meu anseio de aprendizado é tamanho que, embora ainda fraco no campo do exemplo, e embora reconhecendo a minha figura simples, estarei ao vosso lado em todos os nossos estudos para colaborar em nossas tarefas, rendendo graças a Deus!

A paz de Jesus seja com todos!

Jerônimo Cardelli

Presentes: *Arnaldo Rocha, Francisco Teixeira de Carvalho, Ênio Santos, Laura Nogueira Lima, Geni Pena Xavier, Geraldo Benício Rocha, Antônio Inácio de Melo, Gil de Lima, Aderbal Nogueira Lima, Elza Vieira, Waldemar Silva e Hélio Coscarelli.*

Comunicação recebida pela médium *Elza Vieira.*

Irmão que volta

Meus amigos, Jesus nos abençoe!

Permitiram nossos benfeitores que eu viesse até aqui nesta noite, pois desejava agradecer a Deus e a Jesus o amparo que alcancei nesta casa. Graças a Deus, nova compreensão me clareia o caminho. Amigos, o caminho da vida é assim mesmo. Todos lutamos, dentro dele, buscando melhorar-nos sempre mais. O progresso vai devagar para alguns e mais rápido para outros, conforme o entendimento de cada um. Peço-vos para que continueis ajudando-me, porque desde que passei pelo ambiente de vossas preces sinto-me mais forte, com o desejo firme de seguir para frente e para o alto, sem olhar para trás, porque a lamentação não resolve problemas. É isso que tenho a dizer-vos, com os meus rogos ao divino Mestre para que, um dia, eu possa dar o meu testemunho de fé e fraternidade, errando menos. É só, meus amigos, o que tenho hoje para ofertar-vos. Estou feliz, pois a extensão do meu conhecimento só Deus sabe!

Minha gratidão a todos vós, e que Jesus nos abençoe.

Um irmão

Presentes: *Arnaldo Rocha, Ênio Santos, Francisco Cândido Xavier, Laura Nogueira Lima, Francisco Gonçalves, Geni Pena Xavier, Francisco Teixeira de Carvalho, Geraldo Benício Rocha, Gil de Lima, Aderbal Nogueira Lima, Zínia Orsine Pereira, Elza Vieira, Áurea Gonçalves e Waldemar Silva.*

Comunicação recebida pela médium *Elza Vieira.*

Visita e prece

Amigos, que Jesus, na sua bondade infinita, nos abençoe.

Obtive permissão para vir até aqui rogar ao Senhor Jesus, convosco, forças novas para a minha caminhada. E desse modo que aqui estou. E pedindo-vos desculpas pelas minhas fraquezas, rogo também me ajudem com a bênção da prece, a fim de que eu possa crescer para Jesus, com menos pessimismo no coração, sem vacilar no cumprimento de meus deveres.

E assim, Jesus divino, junto de meus irmãos e amigos, rogo-vos seja concedido à minh'alma um novo corpo na Terra, a fim de que eu possa resgatar meu passado em testemunho de redenção!

Perdoem-me, amigos meus! Ainda me encontro muito perturbado, mas se Deus quiser, melhorar-me-ei em tempo próximo para associar-me a esta nossa casa. Que Jesus abençoe a vós todos pela paciência que têm tido comigo e a esses amigos espirituais que hoje os conheço tão generosos, e tão sábios, cercando-me do carinho e da luz que não mereço. Ainda assim prometo a mim mesmo esforçar-me no bem para retribuir a todos fielmente. É tudo o que por agora posso dizer. Deus vos pague!

Um amigo

Presentes: *Arnaldo Rocha, Ênio Santos, Francisco Gonçalves, Francisco Cândido Xavier, Laura Nogueira Lima, Geni Pena Xavier, Francisco Teixeira de Carvalho, Geraldo Benício Rocha, Edite Malaquias Xavier, Gil de Lima, Aderbal Nogueira Lima, Zínia Orsine Pereira, Elza Vieira, Áurea Gonçalves e Waldemar Silva.*

Comunicação recebida pela médium *Elza Vieira.*

Agradecimento

Meus amigos, Jesus nos abençoe hoje e sempre!

Hoje, com a permissão de Deus, trago-lhes o meu agradecimento e a minha alegria. Agradecimento de quem se renovou com as bênçãos desta casa e alegria por haver encontrado o verdadeiro caminho.

Graças a Deus, estou melhor, e peço a Jesus me fortaleça para que eu possa seguir errando menos, de agora para a frente.

Que o Céu lhes recompense, amigos meus!

Que o Senhor ampare a todos e os ajude sempre para que outros, como eu mesmo, se beneficiem de nossas atividades e de nossas preces.

Louvado seja nosso Pai!

Um amigo

Presentes: *Arnaldo Rocha, Ênio Santos, Francisco Cândido Xavier, Francisco Gonçalves, Laura Nogueira Lima, Geni Pena Xavier, Francisco Teixeira de Carvalho, Geraldo Benício Rocha, Edmundo Fontenele, Antônio Inácio de Melo, Gil de Lima, Aderbal Nogueira Lima, Zínia Orsine Pereira, Áurea Gonçalves, Elza Vieira e Waldemar Silva.*

Comunicação recebida pela médium *Elza Vieira.*

Visita de um amigo

Queridos companheiros de luta, que Jesus nos abençoe.

Estou designado pelos nossos irmãos maiores para que lhes diga alguma coisa, entretanto, que tenho eu para dizer? Assim procedo por sentir-me ainda em dificuldade para expressar-lhes a minha experiência. Rogo a Deus que me dê, que me conceda resignação e paciência para a justa vitória sobre mim! Perdoem-me, pois, meu amigos, perdoem-me a fraqueza, pois me sinto mesmo envergonhado diante de vocês, diante do que tenho recebido, lamentando, desse modo, não saber dar de mim mesmo!... Deus, porém, há de ajudar-me para que eu possa, mais tarde, transmitir-lhes minha experiência, que é rude lição de dor para os que caminham na Terra. Esperemos que o tempo nos ajude.

Agradeço-lhes a paciência comigo, rogando a Jesus para que a tolerância lhes seja, na alma, um bendito galardão. E despedindo-me suplico a Deus nos ampare e nos abençoe.

Um amigo

Presentes: *Ênio Santos, Francisco Teixeira de Carvalho, Elza Vieira, Laura Nogueira Lima, Geni Pena Xavier, Antônio Inácio de Melo, Nélio Cerqueira, Geraldo Benício Rocha, Edmundo Fontenele, Eunice Cerqueira, Aderbal Nogueira Lima, Zínia Orsine Pereira, Gil de Lima e Waldemar Silva.*

Comunicação recebida pelo médium *Gil de Lima.*

No templo da prece

Divino Senhor Jesus, tudo quanto desejássemos externar, para dizer-vos da nossa gratidão, nós, comovidos, agradecemos pela generosa solicitude de vossos piedosos e abnegados mensageiros, não seria suficiente, divino Cordeiro de Deus, para que toda nossa gratidão, todo nosso reconhecimento ficasse plenamente manifestado. Entretanto, reconhecemos, divino Mestre e Senhor nosso, que as palavras muito pouco podem transmitir a emoção que vive nos corações agradecidos ao vosso coração cheio de amor, de compassividade. E que vós, divino e Senhor Jesus, ao invés de palavras que demonstrem gratidão e reconhecimento, preferis, divino e Senhor Jesus, que o trabalho na lavoura dos corações seja a expressão de reconhecimento, passo de amor e de entendimento dos vossos divinos ensinamentos.

Abençoa-nos, divino Senhor, os humildes e singelos esforços desta noite, e faz com que nos sintamos cada vez mais encorajados na realização da tarefa que vosso coração amoroso e compassivo entregou aos pobres espíritos endividados.

Que a vossa paz, Senhor Jesus, seja sempre conosco, agora, hoje e até o sem fim de todos os séculos!

Lúcia

Presentes: *Francisco Teixeira de Carvalho, Ênio Santos, Elza Vieira, Francisco Cândido Xavier, Francisco Gonçalves, Geni Pena Xavier, Áurea Gonçalves, Geraldo Benício Rocha, Edmundo Fontenele, Dayse Pastor Almeida, Lauro Pastor Almeida, Zínia Orsine Pereira, Gil de Lima e Waldemar Silva.*

Comunicação recebida pelo médium *Gil de Lima.*

Palavras de estímulo

Meus caros amigos, compareço, na qualidade de necessitado, convencido de que somente no trabalho, em benefício daqueles mais necessitados do que nós próprios, é que encontramos a oportunidade de aprender, a dilatar as nossas possibilidades de amizade, de simpatia e de realização no próprio coração, daquele amor que cobre a multidão de pecados. Aqui estamos para lhes dizer da nossa grande alegria em participar deste ágape admirável, desta mesa tão rica de alimento espiritual, cujo sublime condimento é ainda o amor! Quando as nossas singelas realizações são movimentadas no sentido de tornar mais rica a nossa existência, dessa riqueza tão desejada, opulentada pelos talentos do amor, os nossos esforços ganham mais vigor, somam maior expressão e sentimos em nós mesmos aquela ânsia de viver, de viver sempre, porém trabalhando, servindo, abençoando a todos.

Um irmão

Presentes: *Arnaldo Rocha, Ênio Santos, Elza Vieira, Francisco Cândido Xavier, Geni Pena Xavier, Francisco Teixeira de Carvalho, Hélio Coscarelli, Edite Malaquias Xavier, Zínia Orsine Pereira, Gil de Lima e Waldemar Silva.*

Comunicação recebida pelo médium *Gil de Lima.*

Na seara do espírito

Queridos amigos, nunca nos cansaremos de mencionar a necessidade do nosso coração se familiarizar com o sentimento da simpatia, da amizade, de cordialidade, de amor, na vida de relação.

Uma das grandes, se não maiores, necessidades da sociedade de nossos dias, é exatamente a de esvaziarmos o vaso da vida da vaidade, do orgulho e do egoísmo, para nele somente vibrar os sentimentos enobrecedores da vida moral.

Nós, que nos afeiçoamos à Doutrina consoladora que norteia os nossos destinos, devemos nos preocupar com a necessidade desse saneamento, substituindo hábitos que por ventura possam, de qualquer forma, perturbar a nossa marcha evolutiva através dos caminhos, algumas vezes, ásperos, das experiências imprescindíveis. Nosso esforço nesse sentido há de ser uma constante, da qual jamais devemos nos distanciar, para que o objetivo que nos preocupa, no atual estágio evolutivo de nossa vida moral, possa atingir a meta colimada, enriquecendo-nos de experiências renovadas, ao mesmo tempo enchendo-nos de novo vigor para acelerarmos os passos na obtenção de metas mais distantes.

Meus queridos amigos, sem dúvida encontraremos obstáculos que se colocarão diante dos nossos passos em nossa marcha para a realização do reino de Deus em nosso próprio coração.

Entretanto, urge considerar que os obstáculos são necessários em nossos caminhos como estímulos valiosos que eles representam, exigindo fortalecimento de nossa fé, bem assim o cultivo da esperança vitoriosa, a fim de que em nossa jornada, como servos do Cristo de Deus, possamos, engrandecendo-nos cada vez mais pelo esforço, pela perseverança e pela dedicação chegar ao termo da experiência com alegria no coração e aquela certeza, aquela segurança de que os nossos dias foram bem vividos e que as sugestões amorosas dos nossos maiores foram recolhidas no vaso desse mesmo coração para maior glória de Deus e felicidade de nossos espíritos.

Álvaro

Presentes: *Arnaldo Rocha, Ênio Santos, Elza Vieira, Francisco Gonçalves, Francisco Teixeira de Carvalho, Francisco Cândido Xavier, Laura Nogueira Lima, Geni Pena Xavier, Geraldo Benício Rocha, Edmundo Fontenele, Edite Malaquias Xavier, Neuza Rocha, Hélio Coscarelli, Aderbal Nogueira Lima, Zínia Orsine Pereira, Áurea Gonçalves, Gil de Lima e Waldemar Silva.*

Comunicação recebida pelo médium *Gil de Lima.*

Amor

Como é agradável amar!

O amor não é apenas o mais belo e suave dos sentimentos, é também a mais luminosa de todas as virtudes!

É pelo amor que adornamos a vida dos mais belos e sublimes atos.

É pelo amor que vencemos as vicissitudes que embaraçam a nossa jornada na vida de experiências necessárias.

É pelo amor que caminhamos ao encontro da dor, solidarizando-nos com os irmãos que trazem sobre os ombros fardos mais pesados que os nossos próprios.

É pelo amor que aconchegamos, bem junto ao coração, a criança que encontramos no caminho da nossa jornada para Jesus, que não conheceu o carinho de mãe nem o amor de pai.

É pelo amor que aprendemos a perdoar.

É pelo amor que aprendemos a abraçar, trazendo, bem junto ao nosso coração, aquelas criaturas que foram denominadas desprezíveis.

É ainda pelo amor que nós aprendemos a admirar o grande cenário da natureza, onde a mão divina, em pinceladas sublimes, deixou-nos quadros ricos do Seu amor, da Sua bondade, do Seu constante interesse pelas Suas criaturas na Terra.

É pelo amor que aprendemos a alcandorar o nosso esforço, reunindo no coração todas as demais virtudes, que serão os degraus daquela escada da citação bíblica, os quais, subindo-os passo a passo, atingiremos os cimos da cordilheira da vida após as lutas necessárias à conquista do reino de Deus no próprio coração.

Um irmão

Presentes: *Arnaldo Rocha, Ênio Santos, Elza Vieira, Francisco Cândido Xavier, Laura Nogueira Lima, Geni Pena Xavier, Lucília Xavier Silva, Francisco Teixeira de Carvalho, Geraldo Benício Rocha, Edmundo Fontenele, Neuza Rocha, Aderbal Nogueira Lima, Hélio Coscarelli, Antônio Cordeiro Albuquerque, Zínia Orsine Pereira, Gil de Lima e Waldemar Silva.*

Comunicação recebida pelo médium *Gil de Lima.*

Na seara do bem

Meus caros amigos, todos desejamos a felicidade própria pelos meios que nos parecem razoáveis e justos. É natural que não pensemos senão em atravessar os caminhos do mundo sem angústias e sem pesares. Entretanto, devemos considerar que as dificuldades, os embaraços, as próprias dores físicas e os desgostos morais são estímulos de que carecemos para que possamos valorizar a luta, através da qual atingiremos, mais tarde, se soubermos, através dessas mesmas dificuldades, enriquecer o cofre do coração com os talentos da luz, da paciência, da resignação e da tolerância.

É extremamente agradável usufruirmos na Terra momentos de alegria, de satisfação íntima, ao lado dos amigos, dos parentes, de quantos de nós se aproximem. Entretanto, precisamos compreender que a verdadeira felicidade consiste não apenas em nos reunirmos em hostes agradáveis, com os queridos do coração, mas de levarmos parcela da nossa alegria, da alegria que desejamos ou da alegria que realmente existe em nós, àquelas criaturas, àqueles irmãos queridos que não a conhecem, que igualmente a aspiram como nós a aspiramos, e são tão dignos dessa felicidade como nós próprios nos julgamos ser.

Antes de pensarmos em nossa própria felicidade, não nos esqueçamos de que jamais poderemos ser felizes sem que irmãos queridos, em experiências mais ásperas, dela também participem. E lembremo-nos de que antes de qualquer desejo que possa significar na nossa vida felicidade unicamente de realização pessoal no caminho das nossas vitórias fáceis, consideremos que nos cumpre buscar, primeiramente, o reino de Deus e a Sua justiça antes que pretendamos realizar qualquer outro reino que não seja o da paz, o da harmonia, o do entendimento fraterno, o daquela felicidade que, sendo nossa, deve ser também daqueles que vivem em torno de nossos passos, perto ou distantes dos nossos corações.

Muita paz para nós e para todos vós.

Um irmão

82ª reunião | 5 de junho de 1958

Presentes: *Ênio Santos, Francisco Teixeira de Carvalho, Elza Vieira, Laura Nogueira Lima, Geni Pena Xavier, Lucília Xavier Silva, Nélio Cerqueira, Francisco Cândido Xavier, Edmundo Fontenele, Antônio Cordeiro Albuquerque, Gil de Lima, Hélio Coscarelli, Zínia Orsine Pereira, Aderbal Nogueira Lima, Geraldo Benício Rocha e Waldemar Silva.*

Comunicação recebida pelo médium *Geraldo Benício Rocha.*

Amizade e lição

Meus irmãos, paz nos nossos corações.

Lutamos para senhorearmo-nos da palavra materializada e fazer o nosso pensamento claro e elucidativo, desejosos que nos encontramos de que a nossa experiência no passado e no presente, sem nenhuma pretensão, possa iluminar a senda de júbilos que abraçais e que abraçamos.

Em outras épocas, não muito remotas, dedicamo-nos também no trato do Evangelho. Gostávamos da direção dos trabalhos práticos, do contato com os desencarnados, mas deixamo-nos, muitas vezes, levar pela argumentação fácil, pela palavra fluente, pela repetição de sinônimos, pela demonstração de facilidade da palavra, esquecendo-nos de que Evangelho é sentimento, amor, fraternidade e compreensão.

A nossa palavra era fácil. Vencíamos, senão a entidade, ou os esforços do médium, com a exuberância de argumentações, muitas vezes felizes citações evangélicas, quando, do íntimo da alma, apenas sentíamos alegria de vaidade das expressões buriladas.

Ao invés de ir, com a alma, buscar a medicação orientadora, a palavra de consolação e o gesto fraterno e amigo, suplicarmos ao Senhor que aquelas almas iluminadas que se congregavam conosco por misericórdia de acréscimo e não por merecimento nosso, por bondade do Senhor, para que norteasse quantos ali se encontrasse, pudesse auxiliar, nós nos arrogávamos em juízes.

Muita vez, naquilo que era conseguido por misericórdia de acréscimo, entrávamos como juízes, a trazer ao auditório os pontos de falência, os erros cometidos. Finalmente, julgávamos, ao invés de consolar, feríamos, ao invés de enxugar lágrimas.

Malbaratávamos o tempo e aquele pobre irmão, que vinha buscar o lenitivo da palavra, saía chagado no coração pela nossa palavra bonita, mas descaridosa.

Não nos apercebíamos dessa situação. Não tínhamos o Evangelho na alma. Tínhamos a Doutrina na cabeça. O Evangelho não tinha encontrado agasalho, abrigo no nosso sentimento, mas a filosofia dos espíritos havia empolgado a nossa inteligência. E a nossa palavra continuava bonita, harmoniosa, empolgante, o espírito cheio de pretensão, de sabedoria, mas a alma era como um alforje vazio.

Os anos se passaram. Na nossa respeitável posição de orientador, nos achamos dignos de uma recepção, cá neste mundo onde nos encontramos, de entidades que houvessem sido guiadas pela nossa palavra. Efetivamente, fomos recebidos por um grande número de amigos, mas a desilusão foi grande. Reclamavam os conhecimentos evangélicos que não lhes ministramos. Reclamavam a consolação que não lhes soubemos dar. Mostravam a sequência de desesperação que lhes movia em outras épocas, a que ponto havia chegado, porque a nossa palavra não lhes havia incutido o amor, porque a nossa palavra não havia levado às suas almas a humildade, ao respeito à divina lei, ao amor ao próximo.

Nós sentíamos que era desespero, desilusão, descontentamento, dores e aflições em toda parte.

Todos nos rodeavam como que a lembrar a passagem bíblica: "Caim, Caim, que fizeste de teu irmão?"

Um torvelinho de dor, de arrependimento, de inconsequência da nossa própria personalidade se apoderou de nós e não sabemos há quanto tempo, e em que espaço, e em que época, e onde nos encontrávamos!...

Fomos arremessados como pena insignificante num tremendo vendaval! As vozes se multiplicavam. Ouvíamos a nossa voz cristalina, pura, bonita, fraseologia bem formada, sentenças que tangiam como se fossem bronze harmonioso, mas não eram acompanhadas da sequência do amor e da caridade.

Perdemo-nos nesse torvelinho de dor e de sofrimento por muito tempo. A desesperação feria-nos a alma. A impiedade aplicada para os outros chicotava-nos até. Não temos expressão própria para caracterizar.

Foi quando, ouvindo uma voz, uma prece que evolava desta casa subiu tênue como luz no meio de floresta imensa. O calor da vossa oração atingiu-me. O silêncio harmonioso da vossa meditação consolou-me. O calor da fraternidade e o esquecimento da personalidade que distingue e caracteriza a vossa reunião envolveu-me no seu manto. E aqui estive. Aprendi, por muito tempo, a interpretar o Evangelho na própria alma, a senti-lo nos atos e a exemplificá-lo no trato.

Venho agora numa preparação para uma nova jornada, na derradeira solicitação, enquanto o espírito pode vislumbrar um pouco do passado e algo do presente, porque o futuro só Deus sabe o que será reservado.

Bem sei que, no entanto, a misericórdia de acréscimo do Senhor será como manto ao peregrino na jornada eterna. Será quente e a sua voz me norteará em todos os setores da vida. A sua palavra se fará profundamente no meu coração para que eu, novamente, volte a novos caminhos e a novas jornadas. Não com a mesma facilidade de expressão, mas possa exemplificar o seu amor, o seu Evangelho e sentir o seu apostolado no coração.

Não deixem de vibrar em meu favor. Não se esqueçam de projetar a beleza dessa humildade e a grandeza dessa pequenez, exemplificando a cada momento.

Não quero repetir, não pretendo trazer aos meus irmãos a minha palavra como exemplo ou como lição. Mas o Senhor disse: "Eu sou o caminho, a verdade e a vida". Ele caminhou entre os humildes. A sua palavra foi de consolação, a sua presença foi de vida, de alegria e de paz. O seu Evangelho é a sua própria personificação e a sua própria palavra é sua mensagem eterna, diária e constante.

Sigamos dignos dela.

Afonso de Azevedo

Presentes: *Arnaldo Rocha, Ênio Santos, Elza Vieira, Francisco Gonçalves, Geni Pena Xavier, Laura Nogueira Lima, Lucília Xavier Silva, Francisco Teixeira de Carvalho, Francisco Cândido Xavier, Gil de Lima, Edmundo Fontenele, Antônio Inácio de Melo, Edite Malaquias Xavier, Neuza Rocha, Aderbal Nogueira Lima, Zínia Orsine Pereira, Geraldo Benício Rocha, Hélio Coscarelli, Áurea Gonçalves, Antônio Cordeiro de Albuquerque e Waldemar Silva.*

Comunicação recebida pelo médium Geraldo Benício Rocha.

Lição

Meus caros irmãos, venho usar a palavra hoje numa nova modalidade de experimentação. E aqui têm passado aqueles com a sua experiência, sua sabedoria, e suas luzes têm esparzido, por todos os modos e para toda a parte, os elevados conceitos de paz, de concepção de uma vida maior e melhor, de aperfeiçoamento, de elucidação e de instrução, enfim.

Outros também têm passado trazendo o relato das suas experiências, das suas dores, das suas amarguras. Creio, no entanto, ser eu o único que venho valer-me da palavra como um novo aprendizado para a execução de responsabilidades e deveres, e novas possibilidades em outras vidas.

Tivemos a alegria de conviver com mestres que aqui se encontram. Ajudamos a dirigir o movimento do espiritualismo na nossa capital e em muitos lugares. Mas, diariamente, o Senhor, na aferição dos valores eternos das almas, procede, de tal modo, que os nossos atos, pensamentos, palavras, enfim, o nosso proceder, são ajuntados como se fossem minérios, levados à forja de alta potência calorífica e selecionados naquilo de real valor industrial e real aproveitamento, e as sucatas são afastadas na espera de que, ao menos, se prestem para aumento da caloria dos fornos depuradores.

Assim acontece com os espíritos, com os espíritas, com os evangélicos, com os discípulos da Terceira Revelação, que não puderam alcançar aquele teor ideal para a seleção máxima e precípua da vida.

Encontram-se na travessia dos umbrais da vida eterna, manietados no cérebro, na palavra, nos atos, em todos os sentidos.

Arrastam-se semelhantes ao ferro que se esfria lentamente, vagarosamente, à espera de novo calor para que seja purificado. A Grande Inteligência, que nada desperdiça, que é também a Grande Bondade, a Infinita Misericórdia, determina que se ajunte, que se aproveite, e sei eu, deste modo, no aprendizado do mundo.

Faltava a palavra, a palavra fraterna, caridosa, leal, consoladora. Faltava o gesto amigo, também fraterno. Faltava o pensamento de elevação, o pensamento de verdade e de amor.

Perdi-me, como todas as criaturas que vivem pelo sentido material e não pelo sentido psíquico imortal, na galhardia dos meus próprios pensamentos, no labirinto dos meus próprios atos, palavras e procedimentos.

Daí ter perdido o contato com a facilidade da expressão, a possibilidade da locomoção, a grandeza de materializar, na pena, a palavra escrita, os dons magníficos, preciosos, admiráveis da comunicação com os homens, a possibilidade do entendimento, da fraternidade, do amor e da compreensão.

Os anos rolaram. Como ferro no cadinho incandescente, fui me burilando. Fui me burilando através das lágrimas, das dores, bem haveis de me compreender, no transcurso de muito tempo, buscando e ouvindo, em toda parte, aquela mensagem consoladora do Senhor. E fui, novamente, no seu Evangelho e na sua palavra de consolação, e pude encontrar-me entre vós.

Há muitos anos manifestei-me, comuniquei-me, utilizei-me dos dons mediúnicos e o fiz para que a justiça se fizesse em mim, para que me despertasse a consciência, para julgar os meus atos, determinar novos caminhos e as possibilidades que deveria pedir ao Senhor para uma maior compreensão da destinação do homem em face da vida e do Evangelho.

Sobre as angústias e reprimendas da própria consciência, aprendi, no contato com os deserdados da esperança e da fé, o que pode a palavra do Evangelho, a confiança nas nossas possibilidades medianímicas e a grandeza do divino amor.

Nestas cidades da eternidade, que conheceis através de narrativas brilhantes, e que se sucedem no tempo e no espaço, pude, como viajor em busca da felicidade e do esclarecimento, descer, moldar, fundir, construir os dons de pensar, de coordenar, de falar, de agir, de executar e de movimentar.

O que sucedeu no transcurso de tal peregrinação seria abuso da hospitalidade caridosa se desejasse explicar, narrar. Sei apenas que nisso sofri muito, chorei...

E o que valeria contar para os meus irmãos da sequência dessas dores se eu destruí as possibilidades que tinha?

Repito: fundi, moldei, coordenei, construí todas as possibilidades que a alma possui quando encarnada – e que se se dedicasse, como eu dizia me dedicar, ao serviço do Evangelho, poderia praticar o bem que poderia ter praticado.

Destruindo, fui forçado a reconstruir. Perdendo, tive que procurá-lo onde a palavra de consolação era falada, porque a mensagem do Senhor permanece nas abóbadas do mundo, como se ele as tivesse materializado, e por processos extraordinariamente grandiosos a sua voz se repercute diariamente, constantemente, através dos milênios: "Vinde a mim vós que sofreis e se achais sobrecarregados, e eu vos aliviarei!"

Lá nas cidades onde me refiri ninguém as ouvia, como não ouvis as ondas hertezianas que cruzam os espaços, se não tiverdes fonógrafos, rádios ou aparelho que as captem.

Então fui eu um dos elementos a materializar a sua palavra, já que não tinha tido a lealdade, a coragem de usá-la aqui mesmo, nas luzes da civilização e do entendimento. Foi lá, onde expressões como fraternidade, esperança, consolação soavam como palavras em línguas mortas.

Irmãos, estou me perdendo nas divagações. É a alegria de ouvir-me, de sentir o calor da vossa fé, sentir-me numa organização evangélica, ver, em toda parte, papiros luminosos pirogravando, materializando as consoladoras e soerguidoras expressões do magnânimo e sábio Senhor!

É muita alegria! É como se tivesse ressurgido das profundezas dos abismos, não digo infernais, mas onde as luzes solares, o oxigênio rarefeito não penetra... Sentisse como sinto a brisa suave, o calor do sol vivificando com alegria, calor, consolação, esperança!...

Só a esperança, só a confiança adquirida lá nas profundezas onde permaneci por anos me alentavam, na certeza de que eu viria a sentir o pulsar das almas que se irmanam através do Evangelho do Senhor.

Bendita consolação a fraternidade! Bendita grandeza a da prece em conjunto! Louvado seja o Senhor, que nos congrega em toda parte e que permite a nós, que nos perdemos nos labirintos da inteligência, da presunção e do orgulho, sentir a nossa alma aquecida, rejuvenescida, reformada no calor das reuniões de evangelização!

Irmãos, que o Senhor me aceite novamente na sua seara. Que a vossa esperança seja sempre crescente!

Sejam duradouras, em vossas almas, as lições de humildade, simplicidade, de acatamento às lições do maior de todos os códigos, porque muita vez nos acostumamos a pronunciar essas exortações e o fazemos como que rotina, como que dogmas, como que apenas para satisfação aos companheiros que conosco se reúnem, e o nosso coração, a nossa alma se ausentam, se esvaem, se perdem nas preocupações passageiras e então a situação será bem análoga à minha.

Não vos desejo isso. Suplico ao Senhor que vos ilumine, que vos ampare e abençoe.

Saúda-vos o companheiro,

A. Amaro

Presentes: *Arnaldo Rocha, Ênio Santos, Elza Vieira, Francisco Gonçalves, Geni Pena Xavier, Lucília Xavier Silva, Francisco Teixeira de Carvalho, Francisco Cândido Xavier, Edmundo Fontenele, Antônio Inácio de Melo, Edite Malaquias Xavier, Gil de Lima, Zínia Orsine Pereira, Áurea Gonçalves, Geraldo Benício Rocha, Antônio Cordeiro de Albuquerque e Waldemar Silva.*

Comunicação recebida pelo médium *Geraldo Benício Rocha.*

Visita edificante

Irmãos, saudações, em nome do Senhor!

Esta noite excede de muito à nossa expectativa e as nossas possibilidades que imaginamos encontrar no mundo dos espíritos, em face dos conhecimentos, dos merecimentos, das aquisições que supomos transportar conosco para esta vida.

Usamos sempre uma falsa modéstia quanto ao julgamento dos nossos atos, quando estes são comentados, lembrados pelos nossos irmãos e companheiros de tarefa. Na realidade, nós julgamos que termos feito tanto nos permite certos direitos, intercessões, amparo e recepções mais ou menos dignas, elevadas, ao transpormos os umbrais da eternidade.

Quando temos a sorte e a graça de encontrarmos a nós mesmos em equilíbrio, em situação de coordenar a prece e de nortear os nossos passos, nos livrando daqueles ímãs perigosos que nos atraem para labirintos de horrores, que não estou autorizado nem desejoso de pintá-los para os meus irmãos, somos muito felizes.

Mas a possibilidade de nos comunicarmos em ambientes fraternos de estudo do Evangelho, ou de estudos mediúnicos como este e demais outros organizados, como é de vosso conhecimento, é um problema muito difícil. Assemelha-se a alguém que preparasse muito bem o seu discurso e na hora aprazada, esperada, esquecesse as tiras de papel no bolso da outra calça.

A gente se perde de uma maneira!...

Encontra tais dificuldades!...

Só mesmo a bondade de Deus e a boa vontade dos senhores para nos ajudar!

Não venho contar a ninguém a minha história, porque ela é muito conhecida.

Aquele homem que lutou muito, mas procurou ganhar a vida com honestidade. Desafiou os padres, a igreja, todas as religiões, na certeza de que era assim que se combatia pelo Cristo, pelo Evangelho.

Na realidade, eu estava jogando um punhado de espinhos no meu caminho, uma porção de pregos no meu próprio sapato. Um acidente me acabou com a vida e eu me perdi nesse mundo à procura de minha própria personalidade, querendo consertar o meu próprio corpo. Ouvia amigos e companheiros que me dirigiam exortações e as preces chegavam com a semelhança e a beleza de buquês de flores muito perfumados e muito bem organizados e caridosamente a mim dirigidos, mas eu estava naquela condição que nada conseguia entender, porque eu não estava preparado. Não me acreditava em condições, se não de viver na Terra o meu corpo de carne.

E a história é muito dolorosa e muito comprida, mas, graças a Deus, aquelas súplicas, aquelas intercessões, aqueles conhecimentos mesmo apressados que eu tinha, aqueles méritos de que eu julgava muito superiores, teceram uma escada e eu fui me equilibrando como roupa velha que vai sendo remendada aos poucos e aqui estou, muitas vezes tenho estado, porque aqui estão pessoas de meu coração, e hoje venho trazer a minha saudação em nome de nosso Senhor Jesus Cristo, para que ele nos dê essa coragem de trabalhar sem personalismo, essa coragem de sermos harmoniosos, com gregos ou troianos, com padres e com protestantes, com espíritas ou com quem quer que seja. Porque a vida é amor, mas amor na sua expressão maravilhosa, divina, e não esse sentimento de regionalismo que nos afasta uns dos outros, apesar do nosso sentimento e até de nossas palavras de fraternidade.

Mas ninguém dá salto e a árvore não dá frutos antes de crescer palmo a palmo, pedacinho a pedacinho. Ela só vem trazer frutos depois do seu tempo. Assim somos nós.

Companheiros, não desanimemos, vamos trabalhando, vamos tendo paciência uns com os outros, vamos modificando os nossos sentimentos de egoísmo, inveja, presunção de que sabemos muito. Vamos aparando, cortando essa personalidade mesquinha que nos domina, de acharmos que somos os tais, somos os maiores, e vamos pedindo ao Senhor paciência e fé.

Quem tem a honra de falar com vocês hoje é o homem que esteve sem cabeça muito tempo. É o Mata Simplício.

Estou dando graças a Deus por ter encontrado uma cabeça com alguma coisa lá dentro. E eu hoje venho nesta noite de alegria, de esperança e de fé buscar, no calor da amizade, da fraternidade, no calor deste estudo evangélico, desta prática do bem, este de que eu necessito para animar esse corpo para empreendimentos maiores, para crescer e tornar a voltar aqui, à Terra.

Deus dê a todos essa divina compreensão.

Meu abraço amigo por esta recepção!

Louvemos ao nosso Senhor Jesus Cristo!

Mata Simplício

Presentes: *Arnaldo Rocha, Ênio Santos, Elza Vieira, Laura Nogueira Lima, Geni Pena Xavier, Francisco Teixeira de Carvalho, Antônio Cordeiro de Albuquerque, Antônio Inácio de Melo, Edite Malaquias Xavier, Gil de Lima, Aderbal Nogueira Lima, Zínia Orsine Pereira, Hélio Coscarelli, Francisco Cândido Xavier e Waldemar Silva.*

Comunicação recebida pelo médium *Francisco Cândido Xavier.*

Inferninho

Meus amigos, nós, em Jesus para que Jesus esteja em nós!

Figuremos nossa alma como sendo uma casa. A casa que o Senhor nos concede no mundo contra a intempérie.

Observando o recinto doméstico, reconheceremos o caráter inalienável da limpeza e da segurança para que tudo esteja em ordem.

Um recinto de janela aberta à corrente de ar frio faculta o choque orgânico de graves consequências. Alguns segundos de porta invigilante sugere latrocínio ao amigo transviado que ainda não dispõe das oportunidades de educação que nos felicitam.

Um pequeno engano de condimento intoxica a assembleia familiar.

A ausência da água cria atentados contra a higiene.

Alguns instantes de olhos concentrados na parte menos feliz da personalidade alheia precipitam-nos, por vezes, em longa descida à sombra.

Alguns instantes de ouvidos descerrados à maledicência conduzem-nos à calúnia e à discórdia.

Uma simples palavra imprópria envenena as disposições mentais de quem nos ouve.

A deserção da humildade pode comprometer-nos o equilíbrio da própria vida.

Evitemos, assim, as tristes fecundações da treva. A grande erosão começa de um golpe na terra frágil. A leve faísca pode gerar o incêndio destruidor. Auxiliemos, com discrição e caridade a ignorância dos outros, como nos seja possível, e silenciemos sempre onde e quando não nos seja possível auxiliar. Diante do pior praticado por nosso companheiro, recordemos o melhor que ele desejaria ter feito. Ante a deficiência do próximo, mentalizemos a condição superior que ele aspire.

Todos somos necessitados... Uns mais, outros menos...

O próprio Cristo de Deus – o anjo sem mácula – precisou da manjedoura para abordar a Terra e precisou da cruz para morrer, a fim de fazer-se compreendido. Foi ele mesmo quem afirmou certa feita: "Quando duas ou mais pessoas estiverem reunidas em meu nome, estarei eu no meio delas". Isso é uma sugestão para a sementeira de luz na oração e na ação. Atendamos ao apelo do nosso divino Mestre, porque em região diferente da Boa Nova a sociedade moderna costuma hoje igualmente afirmar que onde duas ou mais pessoas se reúnem para comentar as infelicidades alheias aí se constrói um inferninho, e de inferninho a inferninho todos poderemos atingir o inferno maior.

André Luiz

86ª reunião | 3 de julho de 1958

Presentes: *Arnaldo Rocha, Ênio Santos, Elza Vieira, Francisco Gonçalves, Geni Pena Xavier, Áurea Gonçalves, Francisco Teixeira de Carvalho, Geraldo Benício Rocha, Antônio Inácio de Melo, Gil de Lima, Hélio Coscarelli, Francisco Cândido Xavier, Zínia Orsine Pereira e Waldemar Silva.*

Comunicação recebida pela médium *Zínia Orsine Pereira.*

Deveres da caridade

Meus amigos, Jesus nos abençoe.

As atribuições que aí na Terra executamos, tão ao saber nosso, visam quase sempre o bem-estar do nosso corpo e são bem diversas à frente das necessidades do espírito. Defrontamo-nos aqui com as nossas mais pequeninas faltas e o que nos parecia insignificante cresce aos olhos da alma e nos faz, às vezes, chorar de arrependimento e de vergonha.

É que os espíritos saídos da infância e da juventude, e que, portanto, maiores responsabilidades acumulam, se comprometem a jamais faltar com os comezinhos deveres da caridade, embora muitas vezes se vejam cercados de incompreensão e

---

Mensagem originalmente sem título, o que foi feito para a composição do presente volume.

dolorosos problemas. E a quebra desse compromisso lhes acarreta sérios contratempos.

Entretanto, meus caros irmãos, se temos lutas acerbas a enfrentar, deparamo-nos também com entretenimentos, horas de lazer, de verdadeiro reconforto espiritual. Temos nossas palestras com os amigos daí e daqui, o que muito nos encanta e nos alegra.

Contou-me, há dias passados, um amigo vindo da Terra bem antes de mim, um fato que, com a sua permissão, vos relato agora, apenas para lembrete daqueles que se dizem espíritas.

Frequentava o nosso irmão um lar amigo, onde era recebido sempre com as mais exuberantes provas de carinho e confiança. A certa altura, porém, premido por influências menos sãs, intoxicado por excesso de amor próprio, que, tardiamente, reconheceu, melindrou-se, pôs em dúvida aquela amizade tão santa, emitiu conceito desabonador ao chefe daquele lar e afastou-se, ressentido. Reclamações, desculpas, mas com um pouco de tolerância e boa vontade tudo em breve foi esquecido, porém menos para ele que, ao desencarnar algum tempo depois, reconheceu o seu erro e sentiu-se ligado ao peso do remorso. Sem forças para se libertar, e sem meios para poder fazer compreender o seu arrependimento, permaneceu em luta até que, por mercê de Deus, lhe foi dada uma oportunidade de se penitenciar, desatando, assim, a algema que ele mesmo forjara com excesso de personalismo. O meu amigo sorriu tristemente e acrescentou: "Bem vê, Cícero, que esse fato parece banal para muita gente, porém, menos para mim, que duas vezes na semana dirigia uma sessão espírita, onde eu lia e comentava o Evangelho de nosso Senhor Jesus Cristo".

E daí por diante tenho tido o máximo cuidado em não julgar o meu próximo, e compreendi a grandeza daquela afirmativa: "Orai e vigiai para não cairdes em tentação".

Calou-se o meu amigo e eu continuei a meditar sobre a grande responsabilidade que o conhecimento do Evangelho nos traz.

Por hoje, meus amigos, eu me despeço deixando-vos aqui, como sempre, agradecido, o meu coração sincero e fraterno.

Cícero Pereira

Presentes: *Arnaldo Rocha, Ênio Santos, Elza Vieira, Geni Pena Xavier, Francisco Teixeira de Carvalho, Geraldo Benício Rocha, Hélio Coscarelli, Eunice Cerqueira, Gil de Lima, Zínia Orsine Pereira e Waldemar Silva*

Comunicação recebida pela médium *Zínia Orsine Pereira.*

Amizade e lição

A minha vida aqui, depois de tão prolongados e profundos padecimentos, eu considero como uma verdadeira bênção divina. Todavia, por causa de minha grande perturbação, nada posso dizer de novo, a não ser a dura experiência que adquiri à custa de muitas lágrimas.

Fui mulher e muito orgulhosa, como quase todo ente humano, vaidosa e convencida, e mais ainda por ter sido favorecida pela beleza física, pela posição social invejável e por meus pais, que toleravam, pacientemente, todos os meus caprichos, por mais desmedidos que fossem.

Tornei-me uma rainha déspota e não me incomodava com os sacrifícios dos meus vassalos. Alegre e feliz, satisfeita em todos os meus menores desejos, vivi 25 anos.

Mas de repente, como tudo acaba na vida, a minha também

Mensagem originalmente sem título, o que foi feito para a composição do presente volume.

modificou-se. Uma horrível enfermidade dominou-me o corpo, como eu sabia dominar àqueles que me amavam tanto.

Vi-me coberta de pústulas e tão deformada que eu mesma não me reconhecia no espelho. Achei que era uma ingratidão, um absurdo, uma verdadeira injustiça, e desesperada, em um acesso de raiva, matei-me.

Quando acordei, estava presa numa cova tão estreita, e o meu corpo tão inchado que forçava a terra a expandir para ceder-lhe um espaço maior. E à proporção que isso se dava, vermes terríveis e famintos enchiam o espaço vazio na ânsia de devorarem o meu corpo, que não terminava nunca.

Louca de medo, gritava, gritava, e a minha voz não era ouvida por ninguém.

Nem sei ao certo quantos anos, ou quantos séculos, vivi esse sofrimento – talvez uma eternidade.

Sentindo a minha resistência se esgotar, lembrei-me de Deus, a quem eu havia desprezado na minha felicidade e, soluçando, pedi-Lhe que me matasse de verdade, pois eu ainda continuava viva e sofrendo muito.

Assim fui trazida aqui e fiquei aliviada daqueles vermes que me devoravam. Vocês me informaram que eu havia matado meu corpo, mas que minha alma estava viva. E eu estou sem rumo agora, não sei o que fazer. Receosa do meu futuro, arrependida, quero ser escrava daqueles de quem eu fui rainha. Eu peço proteção, e que todos me auxiliem para que eu não volte mais para aquela cova tão escura e tão estreita!

Tenham dó de mim, desta infeliz!

Maria Tereza de Barros

Presentes: *Arnaldo Rocha, Ênio Santos, Elza Vieira, Francisco Gonçalves, Geni Pena Xavier, Francisco Teixeira de Carvalho, Geraldo Benício Rocha, Edmundo Fontenele, Antônio Inácio de Melo, Áurea Gonçalves, Gil de Lima, Zínia Orsine Pereira, Helio Coscarelli e Waldemar Silva.*

Comunicação recebida pela médium *Zínia Orsine Pereira.*

Ser cristão

Meus amigos, ser cristão é ser bom, humilde, caridoso, abnegado e compreensivo.

É calar-se diante das ofensas, ter paciência com os que erram, força nas provações, resignação nas grandes dores.

É amar aquele que ainda não sabe amar, tolerar com carinho aquele que só sabe detestar, ofender e criticar.

É ver apenas um irmão naquele que erra, que fere, que calunia e que mata.

É deixar de atirar pedras naqueles que permanecem no erro, lembrando-se de que o desequilíbrio e a maldade já foram seus companheiros por anos e anos a fio.

É demonstrar ao Pai o seu reconhecimento pela fé, pelo trabalho construtivo, pela alegria do amor ao próximo.

Eis aí, meus irmãos, a meta para a qual devam convergir to-

Mensagem originalmente sem título, o que foi feito para a composição do presente volume.

dos os nossos esforços, porque os nossos espíritos já estão muito experimentados na forja da dor e dos sofrimentos.

Procuremos falar menos e amar mais ao nosso próximo.

Se formos caridosos e bons, se realmente formos cristãos, teremos dentro de nós mesmos a chave da porta estreita, onde encontraremos a verdadeira felicidade espiritual.

Louvemos ao nosso Senhor Jesus Cristo agora e sempre!

Honório

MINHAS PALAVRAS

Este relato, amigo leitor, tem o objetivo de apresentar a nossa instituição e justificar nossa participação como organizador desta obra, sem nenhum intuito de buscar projeção pessoal.

Nasci em Pedro Leopoldo no ano de 1958, num local histórico chamado "Quadro", onde existem as primeiras casas da cidade, pertencentes à Companhia Industrial Belo Horizonte, onde tenho grandes amigos.

Sou solteiro, analista de sistemas, contador, filho de Manoel Pacheco dos Santos, que se aposentou como operário da Fábrica de Tecidos, e de Maria da Saúde dos Santos, que trabalhou também como tecelã – depois de casada dedicou-se exclusivamente à família composta de mais quatro filhos, Nélia, Nilo, Márcio e Mery, hoje com netos e bisnetos, dentre eles Denilson e Aline, ambos colaboradores do Meimei e da Aliança Municipal Espírita, e que através do Grupo Libertas vêm, com muito empenho, divulgando a música espírita em nosso Estado.

Atualmente, sou presidente da Aliança Municipal Espírita de Pedro Leopoldo e de Matozinhos, presidente do Centro Espírita Meimei, vice-presidente do Grupo Espírita Chiquinho Carvalho, vice-presidente do Lar Espírita Chiquinho Carvalho e conselheiro da Fundação Cultural Chico Xavier.

O interesse pela Doutrina começou junto de amigos na juventude, no ano de 1981, no grupo intitulado "Jovens Cáritas", nome motivado pela beleza da Prece de Cáritas.

Começamos por estudar O *Evangelho Segundo o Espiritismo* em nossa residência, no culto do Evangelho no lar. Embora católicos, meus pais permitiram o estudo do Evangelho em nossa casa. Com os esclarecimentos advindos sobre a necessidade da prática da caridade, iniciamos uma "campanha do Quilo" junto aos vizinhos para atender a famílias em um bairro carente de nossa comunidade. Começamos, assim, a sentir a necessidade do estudo da mediunidade, iniciado então com *O Livro dos Médiuns*, posteriormente com o livro *Nos domínios da mediunidade*, obra de André Luiz pela psicografia de Chico Xavier (FEB, 1955).

Estávamos, em 1983, com um grupo de trabalho formado. Precisávamos de um local adequado para continuar as tarefas. Diante dessa necessidade, juntamente de Margarida Mesquita e Ionísio Moreira Silva, amigos e colaboradores, procuramos Cidália Xavier de Carvalho, irmã de Chico Xavier, então frequentadora do Centro Espírita Meimei, e solicitamos a admissão do nosso grupo de trabalho naquela casa, fundada em 31 de julho de 1952 por Chico Xavier e pelo marido de Meimei, Arnaldo Rocha.

Ingressar no Meimei, oficina de estudo e trabalho, de ajuda aos encarnados e desencarnados, fundamentada nas suas memoráveis reuniões de intercâmbio espiritual, foi um grande aprendizado. Ali fundamos o Grupo Espírita Chiquinho Carvalho, em homenagem ao cunhado de Chico Xavier e dirigente das reuniões do Meimei, com o intuito de ampliar as nossas atividades em ações assistenciais, reuniões públicas, evangelização infantil, atividades que não existiam ali até então. Agregamos também mais duas reuniões mediúnicas ao Grupo Chiquinho Carvalho, às sextas-feiras e sábados, fortalecendo os objetivos primeiros da casa – reuniões que, graças a Jesus, estão em plena atividade.

Em 1986, participamos da fundação da Aliança Municipal Espírita, juntamente aos amigos das outras casas espíritas de Pedro Leopoldo.

Em 1995, o Grupo Chiquinho Carvalho fundou o Lar Espírita Chiquinho Carvalho, em regime de creche, para levar assistência às crianças e aos seus familiares através de seu Departamento de Assistência Social. Hoje, o lar funciona no prédio que abrigou o Asilo Lindolfo José Ferreira por 45 anos, cujo nome foi dado em homenagem àquele que foi o marido de Luiza Xavier, instituição que Chico visitava na passagem do ano novo, oportunidade em que todos da região podiam estar em contato com o médium.

Acredito que a presença de Chico em Pedro Leopoldo foi uma bênção de luz para todos em nossa cidade, não só para os espíritas, mas todos que tiveram a felicidade de conviver com essa alma boa, presenciar os seus feitos e se beneficiar da sua companhia. Porque Chico, enquanto aqui viveu, foi amigo de todos – no centro espírita, nos lares, nas ruas, em todos os recantos, sem exceção. Quando o seu trabalho se propagou, as pessoas começaram a vir para nossa cidade buscando esse contato com o Chico, o que perdurou até a sua transferência para Uberaba, em janeiro de 1959. Chico se foi, contudo deixou a cidade amparada, organizando as casas que deveriam permanecer e continuar o trabalho da Doutrina. Foram elas: o Centro Espírita Luiz Gonzaga, destinado às reuniões públicas de psicografia e receituário, ficando sob a responsabilidade de Manuel Diniz; o Centro Espírita Meimei, com reunião íntima para assistência aos desencarnados, sob responsabilidade de Arnaldo Rocha; o Centro Espírita Scheilla, fundado por José Flaviano Machado, que, sob a orientação de Chico, popularizou o Espiritismo em nossa cidade; o Centro Espírita Dr. Bezerra de Menezes, no qual José de Paula Virgílio, orientado por Chico, ficou encarregado do trabalho de assistência social. Dessa forma, as casas perseveraram na tarefa, surgindo desses grupos novas casas, em lugares estratégicos, permanecendo em seus postulados até os dias de hoje.

Não poderia, neste relato, deixar de falar de um casal que faz parte da nossa vida desde o nascimento: Dália – Cidália Xavier –, e seu esposo, o querido Chiquinho Carvalho, já desencarnado, colegas de trabalho de meus pais na Fábrica de Tecidos Cachoeira Grande e nossos vizinhos lá no bairro "Quadro".

Lembro-me, na infância, das notícias do irmão ilustre de Cidália Xavier de Carvalho, que sempre ia visitar a irmã, provocando um acontecimento festivo. Chico, com aquele sorriso aberto para a criançada da rua, procurava saber como tinha sido a festa do dia das mães, do Natal, entre outras. Nessa época, não tínhamos contato ainda com a Doutrina Espírita, mas já amávamos estas pessoas – Cidália, uma senhora alegre, Chiquinho, um senhor discreto, ambos muito amigos de todos.

No contato com a Doutrina, descobrimos o verdadeiro trabalho espiritual desse casal. Chiquinho Carvalho, quando começou a namorar Cidália, era católico fervoroso, mas no contato com Chico Xavier absorveu os conceitos doutrinários do Espiritismo e com a mesma fidelidade católica se tornou espírita, colaborando nas reuniões do Luiz Gonzaga, do Meimei, e nos trabalhos de distribuição e peregrinação em nossa comunidade junto de Chico Xavier. Cidália chegou um pouco depois aos trabalhos de desobsessão do Grupo Meimei. É médium dedicada e discreta, e permanece fiel ao trabalho até os dias de hoje dentro do que as suas condições físicas permitem. Para nós, além de uma grande honra, é uma grande oportunidade de aprendizado conviver com essas almas tão queridas, às quais acrescento os nomes do Sr. Geraldo Benício Rocha, irmão de Arnaldo Rocha, portanto, cunhado de Meimei, que muito nos auxiliou no entendimento e experiência nos trabalhos de desobsessão, e de D. Josefa Soares, amiga que nos acolheu naquele ambiente, amparando a todos nós como fez e faz até os dias atuais, zelando pela nossa casa de oração a pedido do próprio Chico Xavier e de Chiquinho Carvalho.

Envolvidos nessas recordações, sob o influxo do exemplo das grandes almas, possamos agradecer a Jesus pela bênção de luz que é a Doutrina Espírita, pela presença constante dos benfeitores espirituais que nos assistem, pelos amigos que compartilham conosco a caminhada e pelas oportunidades de trabalho que nos são oferecidas, lutando para perseverar até o fim.

Eugênio Eustáquio dos Santos
Organizador

REFERÊNCIAS BIBLIOGRÁFICAS

ANDRÉ LUIZ. *In*: <http://gabiparavoce.blogspot.com.br/2012/02/cirurgias-espiritu-ais-nas-casas.html>. Acesso em: 11 set. 2013.

ANTÔNIO AMERICANO DO BRASIL. *In*: <http://www.programaraizes.net/posts/serie-rememorias-antonio-americano-do-brasil-por-bento-fleury>. Acesso em: 11 set. 2013.

CARLOS JULIANO TORRES PASTORINO. *In*: <http://www.autoresespiritasclassicos.com/Pastorinho/Torres Pastorino.htm>. Acesso em: 11 set. 2013.

CARVALHO, Mary Rose. *Acervo pessoal*. Pedro Leopoldo: 2013, Rua N. S. da Saúde, 70.

CENTRO ESPÍRITA MEIMEI. *Acervo fotográfico*. Pedro Leopoldo: 2013, Rua Benedito Valadares, 61.

CHICO XAVIER INÉDITO — De Pedro Leopoldo a Uberaba. Direção: Oceano Vieira de Melo; Lauro Michielin; César Burnier; Fernando Portela. Produção: Caio Alcântara; Luigi Picchi. São Paulo: Versátil Vídeo Spirite - Brasil c2007. 1DVD (300 min.), widescreen letterbox 1.66:1, p&b-color, português.

ESMERALDA BITTENCOURT. *In*: <http://www.autoresespiritasclassicos.com/Chico Xavier/>. Acesso em: 11 set. 2013.

GONÇALVES, Ademir. *Acervo pessoal*. Pedro Leopoldo: 2013, Rua Padre Sinfrônio Torres de Freitas, 452.

GUSTAVO ERNESTO COELHO. *In*: http://santuarionsn.blogspot.com.br/p/galeria--de-padres.html>. Acesso em: 11 set. 2013.

INSTRUÇÕES PSICOFÔNICAS & VOZES DO GRANDE ALÉM — Direção: Oceano Vieira de Melo. São Paulo: Versátil Vídeo Spirite - Brasil c2012. 1DVD (546 min.), widescreen anamórfico 1.85:1, p&b-color, português.

ISMAEL GOMES BRAGA. *In*: <http://aron-um-espirita.blogspot.com.br/2013/08/ideias-novas.html>. Acesso em: 11 set. 2013.

JOSÉ GONÇALVES PEREIRA. *In*: <http://www.ame.org.br/wordpress/disseminado-res/>. Acesso em: 11 set. 2013.

JÚNIOR, Frederico Pereira Silva. *Prece*. Ditado por Allan Kardec. 47. ed. Rio de Janeiro: FEB, 1944.

HARLEY, Jhon. *O voo da garça* - Chico Xavier em Pedro Leopoldo | 1910-1959. 2. ed. Belo Horizonte: Vinha de Luz, 2010.

LEÃO, Geraldo; NETO, Geraldo Lemos (Orgs.). *Pedro Leopoldo vista por Chico Xavier* | 1910-1959 – 49 anos da presença do maior médium de todos os tempos. Belo Horizonte: Vinha de Luz, 2011.

LIMA, Maria Laura Nogueira. *Acervo pessoal*. Belo Horizonte: 2013, Av. Cardeal Stepnac, 380.

LUCCIOLA, Dalva Rocha. *Acervo pessoal*. Belo Horizonte: 2013, Av. Artur Bernardez, 1300.

MARTINS, Hélio Paulo. *Acervo pessoal*. Pedro Leopoldo: 2013, Rua Dr. Rocha, 1085.

NÉLIO CERQUEIRA. In: <http://www.georgezarur.com.br/opiniao/118/saudades--do-brasil-perdido-1-jk.>. Acesso em: 11 set. 2013.

NETO, Geraldo Lemos. *Acervo fotográfico da Casa de Chico Xavier*. Pedro Leopoldo: 2010, Rua Pedro José da Silva, 67.

NETO, Geraldo Lemos (Org.). *Mandato de amor*. Belo Horizonte: UEM, 1992.

PEREIRA, Yvonne do Amaral. *Dramas da obsessão*. Ditado por Bezerra de Menezes. 4. ed. Rio de Janeiro: FEB, 1963.

PIMENTA, Diva Guimarães. *Acervo pessoal*. Itamarandiba: 2013, Rua Amélia Fernandez, 168.

REFORMADOR. Rio de Janeiro: FEB, set. 2011. p. 12.

SANTOS, Aline. *Acervo pessoal*. Pedro Leopoldo: 2013, Praça Rui de Azevedo Carvalho, 99.

SANTOS, Manoel Pacheco dos. *Acervo pessoal*. Pedro Leopoldo: 2013, Rua Dirceu Lopes, 451.

SANTOS, Eugênio Eustáquio dos. *Acervo pessoal*. Pedro Leopoldo: 2013, Rua Dirceu Lopes, 451.

SILVA, Maria do Carmo Malaquias. *Acervo pessoal*. Pedro Leopoldo: Rua Primeiro de Setembro, 69.

SILVA, Rodney Reis. *Arquivo Geraldo Leão*. Pedro Leopoldo: Rua São Sebastião, 137.

SILVA, Wagner. *Acervo pessoal*. Pedro Leopoldo: 2013, Rua Roberto Belizário Viana, 279.

TÓFANI, Moyra Macedo. *Acervo pessoal*. Belo Horizonte: 2013, Rua Montes Claros, 305.

VIANNA DE CARVALHO. In: <http://tribunaespiritadesalvador.blogspot.com.br/2013_01_01_archive.html>. Acesso em: 11 set. 2013.

WALDO VIEIRA. In: <http://www.ocultismodesoculto.com/2011_03_01_archive.html>. Acesso em: 11 set. 2013.

WEGUELIN, João Marcos. *Acervo pessoal*. Rio de Janeiro: 2013, Rua Marquês de Abrantes, 88.

XAVIER, Myrian Flávia. *Acervo pessoal*. Pedro Leopoldo, 2013. Rua São Sebastião, 70.

XAVIER, Francisco Cândido; ROCHA, Arnaldo (Org.). *Instruções psicofônicas*. Ditado por espíritos diversos. Belo Horizonte: FEB, 1955.

XAVIER, Francisco Cândido. *Seara dos médiuns*. Pelo espírito Emmanuel. Rio de Janeiro: FEB, 1960.

XAVIER, Francisco Cândido; ROCHA, Arnaldo (Org.). *Vozes do grande além*. Ditado por espíritos diversos. Belo Horizonte: FEB, 1957.

YVONNE DO AMARAL PEREIRA. In: <http://jesusconsoladorprometido.blogspot.com.br/2012/02/yvonne-do-amaral-pereira.html>. Acesso em: 11 set. 2013.

ANEXOS

Chico Xavier dando instruções na reforma da sede do Centro Espírita Meimei.

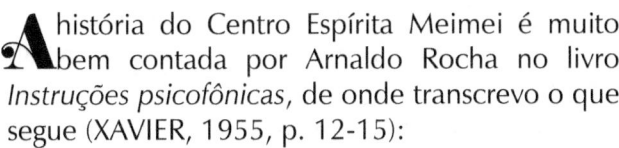

ANEXO A

HISTÓRIA DO GRUPO MEIMEI

A história do Centro Espírita Meimei é muito bem contada por Arnaldo Rocha no livro *Instruções psicofônicas*, de onde transcrevo o que segue (XAVIER, 1955, p. 12-15):

"O Chico, por várias vezes, falou-nos do desejo expresso pelos mentores espirituais no sentido de se criar um grupo de irmãos conscientes e responsáveis para a assistência especializada aos problemas difíceis. Em meados de 1952, aderimos, finalmente. Convidamos alguns irmãos conscientes da gravidade que o assunto envolve em si e na noite de 31 de julho do ano mencionado realizamos nossa primeira reunião. (...) A princípio, reuníamo-nos na antiga dependência que o Centro Espírita Luiz Gonzaga ocupou de 1927 a 1950, mas em 1954 (...) transferimo-nos para nossa sede própria e definitiva que, embora singela, se levanta acolhedora à Rua Benedito Valadares, nesta cidade. (...) É preciso dizer que o médium Chico Xavier sempre as recebeu (mensagens contidas no citado livro) psicofonicamente, no último quarto de hora das nossas reuniões, muita vez depois de exaustivo labor na recepção de entidades perturbadas, em socorro de obsessos e doentes, serviço esse no qual coopera, igualmente, junto aos demais médiuns de nossa agremiação."

A seguir, transcrevo a história do Meimei constante de *O voo da garça – Chico Xavier em Pedro Leopoldo | 1910-1959* (HARLEY, (2010, p. 193-200):

"(...) Curiosamente, ao reunir informações sobre o Grupo Meimei, sob a forma de documentos, recursos iconográficos e depoimentos dos que participaram das primeiras e memoráveis reuniões, nos deparamos com a escassez de dados e observamos que o próprio movimento espírita nacional, em se tratando de Pedro Leopoldo, pouco se refere ao Grupo Meimei.[2]

Podemos entender que em razão do número limitado de pessoas que participavam dessas reuniões e do seu caráter privativo, o Grupo Meimei permaneceu quase que tão-somente na memória daqueles participantes que puderam colaborar na assistência aos desencarnados e desfrutar da presença de benfeitores espirituais por meio da psicofonia de Chico Xavier e de outros companheiros de ideal.

Segundo Arnaldo Rocha, no prefácio do livro *Instruções psicofônicas*,

> "Corria o ano de 1951 e frequentes se faziam nossas excursões de Belo Horizonte, onde residimos, a Pedro Leopoldo, hoje região suburbana da capital mineira. Em conversações fraternas e amigas com o nosso companheiro de ideal Francisco Cândido Xavier, muitas vezes observávamos o volume crescente dos casos de obsessão que procura-

---

[1] BARBOSA, Elias. *No mundo de Chico Xavier*. 9. ed. Araras: IDE, 1997, p. 65.
[2] Além do Centro Espírita Luiz Gonzaga e do Centro Espírita Meimei, o movimento espírita de Pedro Leopoldo conta com o Grupo Espírita Scheilla, o Centro Espírita Beneficente Bezerra de Menezes, o Templo Espírita Leopoldo Cirne, o Grupo Espírita Chiquinho Carvalho, o Centro Espírita Casa do Caminho e o Grupo Espírita A Caminho da Luz. Além dessas instituições espíritas, existem duas na cidade de Matozinhos vinculadas a Pedro Leopoldo: o Centro Espírita Amor e Luz e o Centro Espírita Albino Teixeira. Atualmente, são dez instituições espíritas filiadas à Aliança Municipal Espírita (AME), órgão de caráter unificador.

vam incessantemente as reuniões públicas do 'Centro Espírita Luiz Gonzaga', nas noites de segundas e sextas-feiras" (XAVIER, 1955, p. 12).[3]

Em um depoimento dado à Dra. Marlene Nobre em 1977, o companheiro José de Paulo Virgílio, um dos fundadores do Centro Espírita Beneficente Bezerra de Menezes em Pedro Leopoldo, descreve como chegou a participar do início da construção do Grupo Meimei. Segundo ele, depois de ter acidentado o pé, e correndo o risco de amputá-lo, Chico Xavier, orientado pelo médico espiritual Dr. Bezerra de Menezes, realizou um tratamento com sucesso. Chico o procurou dias depois em sua residência e falou claramente:

> "- Escute aqui, meu filho, nós estamos construindo o Centro Espírita Meimei, no que é que você pode nos ajudar?
> Eu sou bombeiro eletricista e pensei comigo: 'Estou doente e esse homem vem falar de serviço!'
> Ele leu meu pensamento:
> - Olha, meu filho, você só vai explicar como se faz o serviço, não precisa fazer nada.
> Fiquei impressionado com a resposta, eu não tinha dito nada. Aí resolvi:
> – Eu vou amanhã.
> E no dia seguinte peguei a muleta e fui.
> Eles estavam fazendo um salão grande, um banheiro e um alpendre, instruí o serviço.
> Mas o servente de pedreiro não entendia

[3] XAVIER, Francisco Cândido; ROCHA, Arnaldo (Org.). *Instruções psicofônicas*. Ditado por espíritos diversos. Rio de Janeiro: FEB, 1955. p. 12.

nada de eletricidade e eu fui fazendo deva-
garzinho, conforme minhas forças.

Nos intervalos, bebia da água que ficava sobre a mesa, sem saber que era água
fluida. Acabava de almoçar depressa para
voltar à tarefa.

Chico passava por lá e dizia:

- Que beleza! Já esta ficando quase tudo
pronto!

Faltavam quatro dias para a inauguração
quando o serviço já estava quase pronto"
(FOLHA ESPÍRITA, 1977, p. 34).

Em 31 de julho de 1952, foi fundada por Chico
Xavier e alguns amigos a segunda instituição espírita
da cidade: o Grupo Meimei (portanto, a terceira instituição espírita de Pedro Leopoldo). Quem era o responsável por conduzir as reuniões de assistência aos
desencarnados no Centro Espírita Luiz Gonzaga era o
irmão de Chico Xavier, José Cândido Xavier. A partir
de 1939, com a sua desencarnação, as atividades foram interrompidas e somente treze anos depois reco-
meçaria o trabalho de desobsessão ou assistência aos
desencarnados com a fundação desse novo grupo.

Vale aqui destacar a importância de José Cândido Xavier na vida pessoal e mediúnica de Chico, pois
além de permanecer ao seu lado desde o início da
sua tarefa assumiu papéis de pai, amigo, orientador
e conselheiro.[4]

Em *Chico Xavier — O primeiro livro*, encontramos, à página 37, um poema escrito por José Xavier
em 14 de março de 1929, portanto, quando ele tinha
apenas 23 anos:

---

[4] José Cândido Xavier nasceu em 30 de maio de 1905, portanto, era cinco anos mais velho que
Chico Xavier e desencarnou em 19 de fevereiro de 1939, antes de completar 34 anos.

Rabiscos

Neste vale de lágrimas e dores,
Onde há o crime, o remorso e pecado,
Existe alguém que leva vida de horrores,
É criminoso ignorante e celerado.

É imperfeito, vil, degenerado,
Indigno até mesmo de viver;
E vive só, no mundo abandonado,
Cumprindo provas para depois morrer.

Pergunta, às vezes, ao nosso Criador
Qual a razão de tanto sofrimento:
— Estás na Terra, por isso és sofredor! —
É o que responde a voz do pensamento.
E agradece aquilo que ele passa.
Bendiz a dor sagrada que sofreu.
E esse alguém na Terra tem sua raça,
Pois esse alguém, meu amigo, sou eu.

José C. Xavier [5]

O nome Grupo Meimei, segundo Arnaldo Rocha, foi sugerido pelo Chico com a concordância de um grupo de amigos que trabalhou na organização dessa instituição em seus primeiros passos, como forma de homenagear sua primeira esposa, a companheira Irma de Castro Rocha, mais conhecida como Meimei, desencarnada em 1946.

Segundo depoimento de Arnaldo Rocha a Geraldo Lemos Neto, a instituição deveria se chamar "Casa dos Espíritos", nome aprovado também por

---

[5] XAVIER, Francisco Cândido; NETO, Geraldo Lemos; GONÇALVES, Sérgio Luiz Ferreira (Orgs.) *Chico Xavier — O primeiro livro*. Belo Horizonte: Vinha de Luz, 2010. p. 37.

Clóvis Tavares, da cidade de Campos, RJ, o que não teria sido aceito pelo Chico, pois tal denominação poderia criar algum problema com a comunidade católica pedroleopoldense. Arnaldo também sugeriu outro nome: Centro Espírita Allan Kardec, que também não foi aprovado pelos companheiros.

Inicialmente, as reuniões mediúnicas do Grupo Meimei aconteceram na Rua de São Sebastião, na residência da viúva de José Cândido Xavier, Geni Pena Xavier, a quinta sede do Centro Espírita Luiz Gonzaga. Dois anos depois as atividades foram transferidas para a sua sede definitiva, à Rua Benedito Valadares, nº 61- A.

Em depoimento de Chico Xavier na década de 80, a construção da sede ficou projetada para o fundo do lote intencionalmente adquirido como estratégia para não chamar as atenções dos moradores com as comunicações dos espíritos sofredores. Na época, as crendices e superstições em relação às práticas mediúnicas espíritas na pequena Pedro Leopoldo eram muito maiores do que hoje.

Como as reuniões do Centro Espírita Luiz Gonzaga aconteciam às segundas e sextas-feiras, o trabalho de desobsessão do Grupo Meimei passou a acontecer todas as quintas, permanecendo até hoje no mesmo dia e horário estabelecidos pelos primeiros trabalhadores.

Ainda segundo Arnaldo Rocha, na noite de 11 de março de 1954, através da generosidade de Carlos Torres Pastorino, da cidade do Rio de Janeiro, o Grupo Meimei foi presenteado com um gravador de fita de rolo, utilizado desde então para registrar os momentos inesquecíveis com Francisco Cândido Xavier, como consta nos livros *Instruções psicofônicas* e *Vozes do Grande Além*, ambos publicados pela Federação Espírita Brasileira.

Até 1988, segundo Eugênio Eustáquio dos Santos, atual presidente do Grupo Meimei, hoje Centro Espírita Meimei, não havia nenhum registro oficial do grupo.[6] Esse fato foi observado quando ele e um grupo de amigos resolveram fundar e registrar o Grupo Espírita Chiquinho Carvalho, outra instituição que também utiliza as mesmas dependências físicas do Meimei.[7]

Para regularizar o Grupo Espírita Chiquinho Carvalho, foi necessário regularizar o Grupo Meimei, por meio de uma convocação da Assembleia Geral, ocorrida no dia 28 de março de 1988. Foi nessa mesma reunião que o nome passou de Grupo Meimei para Centro Espírita Meimei e na qual foi prestada uma homenagem a todos os companheiros fundadores da instituição.

Entre os antigos trabalhadores do então Grupo Meimei, gostaria de destacar duas pessoas que tive o privilégio de conhecer: a irmã de Chico Xavier, Cidália Xavier de Carvalho, que permanece, até hoje, colaborando no grupo como médium psicofônica, com exemplos diários de fé em Deus e vontade de viver sempre com esperança e alegria, e a companheira Josefa Soares dos Santos, há aproximadamente 52 anos exercendo com amor e humildade a função de "guardiã" e zeladora da instituição.

Vale também ressaltar que o Meimei também ofereceu as suas dependências para o funcionamento do Grupo Espírita Scheilla, fundado por José Flaviano Machado (Zeca Machado) em 3 de agosto de 1954, no qual funcionou (e ainda funciona, mesmo com sede

---

[6] O companheiro de ideal Oceano Vieira de Melo, da Versátil Vídeo Spirite, da cidade de São Paulo, vem desenvolvendo um excelente trabalho na recuperação da memória histórica do movimento espírita brasileiro. Destaco o resgate de grande parte dessas gravações da psicofonia de Chico Xavier no antigo Grupo Meimei.

[7] Francisco Teixeira de Carvalho (Chiquinho Carvalho), marido de Cidália Xavier de Carvalho, trabalhou por muitos anos no Centro Espírita Luiz Gonzaga e no Grupo Meimei, se transformando em uma das maiores referências do movimento espírita de Pedro Leopoldo.

própria) todas as terças-feiras. Tal fato nos leva a concluir que o movimento espírita de Pedro Leopoldo também tem uma gratidão histórica para com a instituição, pois num mesmo espaço existiram e ainda existem três casas espíritas ocupando as mesmas dependências físicas, o que representa um ideal de fraternidade e união das casas espíritas em nossa cidade. (...)"

PRESIDENTES DO CENTRO ESPÍRITA MEIMEI

Arnaldo Rocha

Francisco Teixeira de Carvalho

Geraldo Benício Rocha

Decanor Gonçalves

Eugênio Eustáquio dos Santos

Meimei

Arnaldo Rocha na entrada do Centro Espírita Meimei.

ANEXO B

EQUIPE

Aderbal Nogueira Lima

Antônio Inácio de Melo

Arnaldo Rocha

Áurea Gonçalves

Edite Malaquias Xavier

Edmundo Fontenele

Elza Vieira

Ênio Santos

Francisco Cândido Xavier

Francisco Gonçalves

Francisco Teixeira de Carvalho

Geni Pena Xavier

Geraldo Benício Rocha

Gil de Lima

Hélio Coscarelli

Laura Nogueira Lima

Lucília Xavier Silva

Waldemar Silva

Zínia Orsine Pereira

---

[1] Os nomes que aparecem registrados neste volume foram padronizados para efeito de composição da obra, diferentemente da sua figuração nos originais datilografados.

Francisco Cândido Xavier – O maior médium de todos os tempos, Chico Xavier, como ficou conhecido, considerava-se um "cisco de Deus".

Geraldo Benício Rocha – Conhecido como "Major", era irmão de Arnaldo Rocha. Foi proprietário da Livraria e Papelaria Aliança, em Belo Horizonte, e casado com **Luiza**. Ambos já desencarnaram. Teve uma participação expressiva no Grupo Meimei, sendo um de seus presidentes. Na foto, o casal está na companhia de Armando e Dalva Rocha Lucciola, à sua direita, na casa de Chico Xavier, em Uberaba.

Arnaldo Rocha – Nasceu em 29 de agosto de 1920 e desencarnou em 29 de outubro de 2012. Gerente de Vendas da Belgo Mineira, foi marido de Meimei (Irma de Castro Rocha, nascida em Mateus Leme, Minas Gerais, em 1 de outubro de 1922 e desencarnada em Belo Horizonte, em 22 de outubro de 1946) e fundador do Grupo Meimei, junto de Chico Xavier e amigos. Casou-se em segundas núpcias no ano de 1956 com **Neuza Tófani Rocha**, nascida em 4 de março de 1933 e desencarnada em 5 de maio de 2007.

Francisco Teixeira de Carvalho – Natural de Cachoeira dos Macacos, Minas Gerais, nasceu em 21 de dezembro de 1911 e desencarnou em 4 de setembro de 1982. Trabalhou na Fábrica de Tecidos Cachoeira Grande em Pedro Leopoldo, Minas Gerais, na função de Encarregado de Produção. Casou-se em 1947 com **Cidália Xavier de Carvalho**, nascida em 1 de dezembro de 1923, que também traballhou na Fábrica de Tecidos e era irmã de Chico Xavier, e frequentadora do Grupo Meimei.

Ênio Santos – Procedente do Espírito Santo. Sua atividade doutrinária desenvolveu-se no Grupo Meimei, da cidade de Pedro Leopoldo, e no Lar de D. Conceição, que abriga crianças necessitadas, instituição que procurava ajudar. Filho de Ageu Pinto dos Santos e de Eleonora Santos. Viveu grande parte de sua juventude no Asilo Deus, Cristo e Caridade, em Cachoeiro do Itapemirim, Espírito Santo, fundado e dirigido pelo português Jerônimo Monteiro, abnegado seareiro espírita. Era um estudioso da Doutrina Espírita, o que o fazia seguro e equilibrado em suas dissertações. Na foto, com Arnaldo Rocha.

Edite Malaquias Xavier – Cunhada de Chico Xavier, esposa de **André Luiz**, irmão de Chico Xavier, nascido em 27 de dezembro de 1917. Casaram-se no ano de 1943. Ambos já desencarnados. Abaixo, Chico Xavier com André Luiz.

Geni Pena Xavier – Cunhada de Chico Xavier, esposa de **José Xavier,** desencarnado em 1939. Já desencarnada. Na foto abaixo, Chico Xavier e José Xavier em 1935.

Elza Vieira – Comerciária, integrou-se ao Grupo Meimei em sua fundação, permanecendo em trabalho ativo até o início dos anos 2000. Conquistou o apelido de "Garantia" por sua assiduidade. Participou também das atividades do Centro Espírita Luz, Amor e Caridade de Belo Horizonte até a sua desencarnação, em 2013.

Hélio Coscarelli – Casado com **Nydia Coscarelli**, fotógrafo de Belo horizonte, bem conhecido na década de 50, atuando na Praça Sete. Posteriormente, o casal transferiu-se para a cidade do Rio de Janeiro, onde residiu até a desencarnação. Na foto, com Arnaldo e Neuza.

Waldemar da Silva e **Lucília Xavier Silva** – Ela era irmã de Chico Xavier, ele era funcionário da Ferrovia Paulista S/A (Fepasa). Casaram-se em 1947. Também conhecido como Pachequinho, foi o responsável pela transcrição das gravações, datilografando as mensagens desta obra. Ambos já desencarnados.

Aderbal e **Laura Nogueira Lima** – Casados, espíritas de Belo Horizonte, Minas Gerais. Aderbal nasceu em 24 de julho de 1913, desencarnando em junho de 1970. Seu primeiro contato com o Espiritismo ocorreu na União Espírita Mineira, à época de Camilo Chaves. Simultaneamente, abraçou tarefas doutrinárias no Centro Espírita Célia Xavier, do qual foi um de seus fundadores. Laurinha, como ficou conhecida no Grupo Meimei, nasceu em 6 de março de 1924 e dos frequentadores do Centro, juntamente de Cidália Xavier, é a única encarnada.

Francisco e **Áurea Gonçalves** – Casados, comerciantes no ramo frigorífico em Pedro Leopoldo, Minas Gerais. Ambos já desencarnados.

Nélio Cerqueira Gonçalves – Coronel, era o comandante-geral da Polícia Militar no governo de Juscelino Kubitschek. Voluntarioso e obstinado, tomou a peito a tarefa de modernizar a corporação. Deu corpo às transformações ditadas pelo advento da influência norte-americana do pós-guerra, que suplantou o domínio do modelo francês, até então predominante nas Forças Armadas e nas polícias militares. Escreveu a obra intitulada *J Kasos e Kasos sem J*, sobre Juscelino Kubitschek. Ele é citado por Arnaldo Rocha no livro *Mandato de amor*, da organização de Geraldo Lemos Neto (UEM, 1992, p. 39-71). Na internet, encontramos a seguinte legenda para a foto ao lado: "Juscelino, após renunciar ao governo de Minas, usando o uniforme de coronel da Polícia Militar, é reintegrado na corporação pelo seu comandante, Coronel Nélio de Cerqueira Gonçalves". Foi casado com **Eunice**, também frequentadora e da equipe do Grupo Meimei.

Antônio Inácio de Melo – Consta da história da Escola Estadual Antônio Inácio, localizada no município de Feira Nova, área periférica urbana em Pernambuco. A origem de seu nome está ligada a uma homenagem prestada a ele por ter sido o doador do terreno para a construção do educandário no ano de 1967.

Edmundo Bezerril Fontenele – Engenheiro e professor da Universidade Federal de Belo Horizonte (UFBH), casado com Raimunda Queiroz Fontenele. Publicou os livros de arquitetura *Construção de edifícios*, em 1967, e *O Aleijadinho na Serra da Piedade*, com fotos de Marcos Mazzoni.

Gil de Lima – Professor, ingressou no Grupo Meimei a partir de 13 de fevereiro de 1958, permanecendo assíduo até o final destes registros.

Zínia Orsine Pereira – sócia-fundadora do Grupo Espírita Manoel Felipe Santiago. Segundo pesquisa feita por Eny Braga Pacheco Araújo e Maria Luiza Figueiredo Moretzohn, encontramos a seguinte informação: "A festa de inauguração da primeira sede própria (provisória) do Grupo Espírita Manoel Felipe Santiago aconteceu no dia 20 de abril 1947, com a presença de numerosa assistência, inclusive de representantes de várias entidades espíritas da capital. Representando a União Espírita Mineira, o seu presidente, Dr. Camilo Chaves, dirigiu os trabalhos, agradecendo ao Pai por termos mais uma casa espírita. A Sra. Zínia Orsine contou, então, a história da casa (...)".

VISITANTES

Alcides de Castro

Álvaro

Alvina Pereira

Antônio Cordeiro de Albuquerque

Arthur da Silva Araújo

Carlos Torres Pastorino

Cecília Pinheiro Dias

Corina Novelino

Dayse Pastor Almeida

Delacir de Oliveira

Elba de Castro

Esmeralda Bittencourt

Hélio Albuquerque Porciúncula

Henrique Fragoso Dias

Horizontina de Oliveira

Ismael Gomes Braga

Izaura Garcia

João Cândido Xavier

Joaquim Alves

José Gonçalves Pereira

José Lemos de Oliveira

Lauro Pastor Almeida

Leopoldina Guimarães

Luiz Peduto

Manoel Ferreira dos Santos

Maria Cândida Correa e Castro

Maria da Cruz

Maria Pereira dos Santos

Neuza Tófani Rocha

Olga Peduto

Ovídio

Paulo

Santinônimo Vieira Machado

Ursulina

Waldo Vieira

Yvonne do Amaral Pereira

Yvonne do Amaral Pereira – Nascida a 24 de dezembro de 1900, em Valença, no Estado do Rio, foi uma das mais respeitadas médiuns brasileiras, autora de romances mediúnicos bastante conhecidos entre os espíritas. Desencarnou em 9 de março de 1984, na cidade do Rio de Janeiro. Dedicou-se por muitos anos à desobsessão e ao receituário mediúnico homeopático.

Ismael Gomes Braga – Seu trabalho na Federação Espírita Brasileira foi de grande importância, onde assumiu diversos cargos na área espírita e esperantista. Publicou e traduziu diversos livros. No *Reformador*, publicou artigos com vários pseudônimos e elaborou dicionários Português-Esperanto e Esperanto-Português para facilitar o aprendizado da língua. Participou ativamente de eventos do movimento espírita e esperantista, dentre eles o VIII Congresso Brasileiro de Esperanto, em Recife, em 1952, cuja abertura, realizada na Federação Espírita Pernambucana, foi totalmente falada em Esperanto, sendo ele seu orador oficial, para a qual dissertou sobre o tema "Os últimos serão os primeiros". Em mensagem psicografada por Chico Xavier à época, dirigida a ele, Emmanuel conclama os espíritas a trabalharem em prol do Esperanto: "Sim, o Esperanto é lição de fraternidade. Aprendamo-lo para sondar, na Terra, o pensamento daqueles que sofrem e trabalham noutros campos. Com muita propriedade digo 'aprendamo-la', porque somos também companheiros vossos que, havendo conquistado a expressão universal do pensamento, vos desejamos o mesmo bem espiritual, de modo a organizarmos, na Terra, os melhores movimentos de unificação."

Esmeralda Bittencourt – Nascida a 28 de setembro de 1888, em Minas Gerais. Conheceu o Espiritismo quando foi morar no Rio de Janeiro, e através de Aura Celeste, fundadora do Asilo Espírita João Evangelista. Face à desencarnação dos filhos, viveu uma vida de grandes tribulações, mas como professa dedicou-se intensamente à educação. De acordo com depoimento de Yvonne Pereira no livro *Pelos caminhos da mediunidade serena* (Lachâtre, 2006): "(...) Estávamos, então, na residência de Chico, onde, na sala, conversávamos com Esmeralda Bittencourt, de quem ele era muito amigo, e a qual havia perdido dois filhos em circunstâncias trágicas. Chico consolava-a muito. Foi quanto recebeu para D. Esmeralda uma comunicação do filho que havia falecido, depois que escreveu alguma coisa que passou às minhas mãos, dizendo tratar-se de um soneto de Antero de Quental, a mim endereçado. 'Diz ele', continuou o Chico, 'que quando se deu o seu suicídio em Lisboa, ele era mocinho e recorda-se muito dos comentários da sociedade a esse respeito... (...)".

José Gonçalves Pereira - Nascido em São José do Barreiro, Vale do Paraíba, São Paulo, em 14 de junho de 1906. Casou-se com Luíza Miranda (nascida em 18 de maio de 1911 e desencarnada em 25 de agosto de 1989). Participando ativamente da Federação Espírita do Estado de São Paulo (Feesp), José Gonçalves foi nomeado diretor do Departamento de Assistência Social da entidade, em 1949, pelo então secretário-geral o Comandante Edgard Armond. Foi diretor da Casa Transitória Fabiano de Cristo, de São Paulo. Em uma das visitas que fez a Chico Xavier, José Gonçalves notou que um grupo de jovens copiava, em cadernos escolares, mensagens psicografadas e trechos dos livros de Allan Kardec. O motivo era a dificuldade de terem acesso aos livros impressos, então caros e raros. Para amenizar a situação, José Gonçalves criou, em 18 de abril de 1953, o grupo "Os Mensageiros", com a finalidade de distribuir mensagens espíritas impressas. A impressão e a distribuição do material foi inicialmente custeada por ele próprio, mas aos poucos se juntaram outros colaboradores e o grupo existe até os dias de hoje, tendo já atingido a marca de 1 bilhão de mensagens distribuídas para o mundo todo.

Waldo Vieira – Nascido a 12 de abril de 1932, em Monte Carmelo, Minas Gerais. Médico, pós-graduado em Plástica e Cosmética em Tóquio (Japão), graduado em Odontologia pela Universidade de Uberaba, Minas Gerais. Em 1955, ainda estudante de Medicina, conheceu Chico Xavier. Nas décadas de 1950 a 60 trabalhou com Chico na Comunhão Espírita Cristã, casa espírita que fundaram em Uberaba, o que resultou na publicação de diversos livros mediúnicos e estudos espíritas. Desligou-se da Comunhão Espírita Cristã em 1966, transferindo-se para o Rio de Janeiro, tornando-se dissidente do Espiritismo e se dedicando à projeciologia. Na foto, Waldo Vieira está entre Chico Xavier e o professor Herculano Pires.

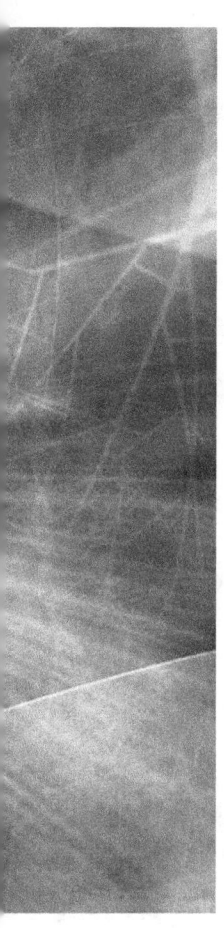

Carlos Juliano Torres Pastorino - Nascido no Rio de Janeiro, em 4 de novembro de 1910 e desencarnado em Brasília, a 13 de junho de 1980. Ex-padre, dedicou-se ao estudo da Doutrina Espírita e da fenomenologia mediúnica. Autor do maior *best seller* de autoajuda no país, o opúsculo *Minutos de sabedoria*. Doador do gravador que possibilitou a gravação das reuniões do Grupo Meimei.

Chico Xavier e Arnaldo Rocha no Centro Espírita Meimei.

ANEXO C

ESPÍRITOS IDENTIFICADOS

Raimundo Pires Tavares Silva – Nasceu em Diamantina, Minas Gerais. Bacharel em Ciências e Letras pela Academia do Comércio em Juiz de Fora, em 1898. Foi casado com Maria Inácia Tavares e teve vários filhos. Trabalhou na Escola Normal Oficial de Juiz de Fora e aposentou-se como inspetor regional. Como espírita, tornou-se um de seus maiores divulgadores, atuando em várias casas da região, entre elas o Centro Espírita Fé e Caridade, que lhe perpetuou o nome na Escola de Evangelização Infantil. Desencarnou em 1942.

Antônio João – Estudioso do Evangelho de Jesus.

A. J. C. L – Palestrante e dirigente espírita.

Cícero Pereira – Professor, foi presidente da União Espírita Mineira de 1936 a 1937. Desencarnou em 1948.

Carlos – Magistrado.

Vianna de Carvalho – Vulto do Espiritismo, foi engenheiro militar, major, bacharel em Matemática e Ciências Físicas.

Carlôto Távora – Bispo da arquidiocese de Caratinga, Minas Gerais, instalada a 7 de março de 1920.

Eire – Trabalhador do Centro Espírita Meimei.

Luís Mariano de Barros Fournier – Tenente-coronel, membro da Cruzada dos Militares Espíritas, nascido no Maranhão em 1877. Jornalista, escritor, conferencista. Dedicou-se às pesquisas científicas no campo mediúnico. Desencarnou no Rio de Janeiro, em 1946.

José Xavier – Irmão de Chico Xavier, foi presidente do Centro Espírita Luiz Gonzaga, em Pedro Leopoldo, Minas Gerais, de 1928 a 1939, ano de sua desencarnação.

Antônio Americano do Brasil – Nasceu na cidade de Silvânia, Goiás, em 28 de agosto de 1892. Desencarnou em Luziânia, Goiás, em 20 de abril de 1932. Foi médico, militar, folclorista e historiador, político e escritor, poeta e prosador, patrono da Academia Goiana de Letras e da Academia Goianense de Letras.

Efigênio Salles Vítor – Espírita militante e sumamente devotado à causa do Evangelho. Sócio-fundador do Centro Espírita Tiago Maior e da Sociedade de Amparo à Pobreza, de Belo Horizonte. Foi diretor do Centro Espírita Luz, Amor e Caridade e da União Espírita Mineira. Desencarnou em 1953.

André Luiz – Médico, um dos espíritos mais frequentes na psicografa de Chico Xavier.

Gustavo Ernesto Coelho – Monsenhor da diocese de São João Del Rei, Minas Gerais, no período de 1883 a 1887.

Irene Souza Pinto – Nasceu em Amparo, São Paulo, a 8 de abril de 1887, e desencarnou em 21 de maio de 1944. Poetisa, contista e romancista. Em seu túmulo no Cemitério da Consolação, na cidade de São Paulo, foi gravado o soneto "Último desejo", de sua autoria, psicografia de Chico Xavier, publicada no livro *Antologia dos imortais*, de espíritos diversos, por Chico Xavier e Waldo Vieira (FEB, 1963).

Dario Veloso – Nasceu na cidade do Rio de Janeiro, em 26 de novembro de 1869, e desencarnou em Curitiba, Paraná, em 28 de setembro de 1937. Poeta e escritor brasileiro.

Osias Gonçalves (Dr. José) – Reverendo da Igreja Presbiteriana no Brasil. Desencarnou em 1922.

ANEXO D

REFLEXÃO EM TORNO DA TAREFA MEDIÚNICA

A mediunidade, ontem e hoje

"(...) se nos vinte lustros passados a mediunidade serviu para atender aos misteres brilhantes da observação científica, projetando inquirições do homem para a esfera espiritual, é justo satisfaça agora às necessidades morais da Terra, carreando avisos da esfera espiritual para o homem (...)" (XAVIER, *1961, p. 15*).

A partir desse comentário de Emmanuel, abrimos um espaço para nossa reflexão em torno da tarefa mediúnica.

Como estamos inseridos e nos conduzindo nessa tarefa? Como a casa espírita acolhe médiuns e sofredores para esse trabalho? Será que ainda estamos estacionados, como diz Emmanuel, nas inquirições puramente científicas, nos esquecendo da formação de médiuns para o trabalho e acolhimento a todos da humanidade, nós, que necessitamos de uma faixa de luz para prosseguir rumo ao Criador?

Em minhas limitações, e observando o movimento espírita, no qual nunca foi fácil divulgar os postulados espíritas através da mídia atual, sentimos muita falta desse tema em sua abordagem mais genuína, como

---

¹ XAVIER, Francisco Cândido. *Seara dos médiuns*. Pelo espírito Emmanuel. 6. ed. Rio de Janeiro: FEB, 1961.

nos fala Bezerra de Menezes (*Dramas da obsessão*, Yvonne do Amaral Pereira, 2012, p. 18-19):

> "(...) meditai e orai, a fim de vos equilibrardes em harmonizações com as forças benfazejas do Alto, pois estareis exercendo a fraternidade no que mais sublime e real ela encerra, visto que conjugareis esforços na prática de operações transcendentais, cujo instrutor maior é o próprio mestre da humanidade, o Senhor Jesus Cristo"(...).

O tema da obsessão nunca foi tão bem compreendido como no momento atual, devido ao esforço dos nossos precursores em estudá-lo e divulgá-lo por meio de experiências valiosas, que nos servem de testemunho e constatação dessa influência dos espíritos em nossa vida, e vice-versa.

Mas a pergunta é esta: o que estamos fazendo com todo o aprendizado em torno desse tema, onde sentimos cada vez mais a nossa dificuldade em nos situarmos como médiuns dispostos a encarar essa tarefa com dedicação, amor e fidelidade?

O momento de transição que atravessamos em direção à regeneração já nos foi apresentado em vastos esclarecimentos mediúnicos, iniciado com Kardec em *A Gênese,* culminando com Emmanuel por meio de Chico Xavier.

O que a tarefa mediúnica poderá auxiliar aos benfeitores para que as forças maiores mantenham a luz acesa a nos direcionar o caminho?

Kardec, em sua mensagem transmitida ao médium Frederico Pereira da Silva Júnior, na Sociedade Espírita Fraternidade, Rio de Janeiro, no ano de 1888 (*A Prece* – Allan Kardec, FEB) , responde a três perguntas básicas para a tarefa da desobssessão:

---

[1] PEREIRA, Yvonne do Amaral. *Dramas da obsessão*. Pelo espírito Bezerra de Menezes. 11. ed. Rio de Janeiro: FEB, 2012.

"(...) Primeira questão: *Deve o espírita tentar a cura de obsessões, quando sabe previamente que tudo tem a sua razão de ser – que tudo é feito pela vontade de Deus – e que até os cabelos da cabeça são contados?* Responderei, como regra absoluta: Sim!

Segunda questão: *Pode o espírita, cônscio da sua fraqueza, da deficiência de sua força moral, ir ao encontro dos obsessos, procurando salvá-los da perseguição, da dor e do sofrimento que os comovem?* Ainda respondo: Sim! Também como regra absoluta.

Terceira questão: *Mas deve o espírita, levado tão-somente pelo conhecimento que tem da Doutrina e pela esperança da graça que há de receber, tentar a cura, desprezando os meios aconselhados?* Não! E isso, meus amigos, pela simples razão de não ser admissível colocar-se à cabeceira de um enfermo um médico que ignore completamente a Medicina. (...)"

Portanto, queridos amigos, como o médico que estuda e faz a residência em hospitais, buscando se especializar para servir à humanidade, façamos o mesmo com as possibilidades mediúnicas, colocando-as a serviço do bem, com Jesus.

Eugênio Eustáquio com Cidália Xavier de Carvalho e Arnaldo Rocha em 2012, nos 60 anos do Centro Espírita Meimei.

ANEXO E

GALERIA DE FOTOS E DOCUMENTOS

Falando a esses médiuns e espíritos que atenderam ao convite nas reuniões do Grupo Meimei, pessoas comuns do mundo, amigos e familiares que se uniram ao trabalho e nos deixaram esse legado a nos servir de exemplo, a nossa homenagem. Retratá-los aqui nos remete a uma época memorável, tornando estes registros mais imortais ainda, eternizando a história de cada um deles nestas páginas de luz. Que Jesus os abençoe!

Irma de Castro Rocha
(Meimei) e Luiza Rocha
na década de 40.

Meimei vestida de anjo.

Fachada original do
Centro Espírita Meimei.

Elza Vieira em
fotografia datada de
12 de março de 1951.

Chico Xavier com Arnaldo Rocha, familiares e amigos em comemoração
de Natal na Escola Crianças de Jesus, em 1951.

Fotografia do casamento de Arnaldo Rocha com Neuza Tófani. À esquerda, Ênio Santos.

Elza Vieira com Moyra Tófani Rocha no colo e Neuza, filha e esposa de Arnaldo Rocha, respectivamente.

Corredor de entrada do
Centro Espírita Meimei na
década de 50.

Chico Xavier entre
Arnaldo Rocha e Ênio Santos.

Cidália Xavier de Carvalho com os filhos Mary Rose e Willer.
Abaixo, Chiquinho Carvalho na década de 50.

Carta de Chico Xavier a Dalva Rocha,
filha do Major Geraldo Benício Rocha,
sobrinha de Arnaldo Rocha, datada de
11 de julho de 1952, sobre o início das
atividades do Grupo Meimei.

Chico Xavier no Centro Espírita Meimei
com alguns integrantes do Grupo.
Fotografia constante da capa do DVD
Instruções psicofônicas & Vozes do Grande Além,
lançado pela Versátil Home Vídeo em 2012.

Pedro Leopoldo, 11-7-52

Dalva, querida irmã,

Jesus nos abençõe.

Recebi suas notícias do Rio, com enorme contentamento. Planejava escrever a você, quando suas letras carinhosas me vieram surpreender.

Que alegria! Deus retribua ao seu belo coração pelo júbilo que recolhi de suas palavras.

Imagino a maravilhosa excursão á Paquetá. O mar, o céu e a praia... Isso tudo deve ser um sonho lindo.

Espero que você, Daisi e Daurea, junto de Yayá e dos filhinhos encontrem grande refazimento físico e espiritual nas férias em curso. O meu desejo de visitar nossos amigos aí agora é muito grande, entretanto, Dalva, os grilhões para mim aqui são ainda muito pesados e devo adiar esse contentamento. Consola-me porem, a certeza de que vocês aí se encontram, recolhendo as graças da ilha e que voltarás em breve, repartindo conosco a felicidade adquirida.

Tenho estado com o nosso Arnaldo

recebendo as notícias dos trabalhos espirituais em nosso templo de preces.
Sei que você está fazendo muita falta.
Agora, estamos projetando algumas
reuniões semanais aqui em Pedro Leo
poldo e contamos com a sua colabo
ração. O Arnaldo será o dirigente. Ele
sabe aliar a energia e o carinho, o
comando e o amor e assim esperamos em Jesus que tudo se des-
dobre favoravelmente.

Jajá recebeu minha carta? Espero
que sim. A ela ao Dr. Pedro Paulo,
ao Annilean e às crianças o meu
afeto de sempre. Um grande abraço a
Dora e Danrea e desejando a você
muita saúde e felicidades mil,
envia-lhe um grande e saudoso
abraço, o irmão reconhecido que
não a esquece

Chico

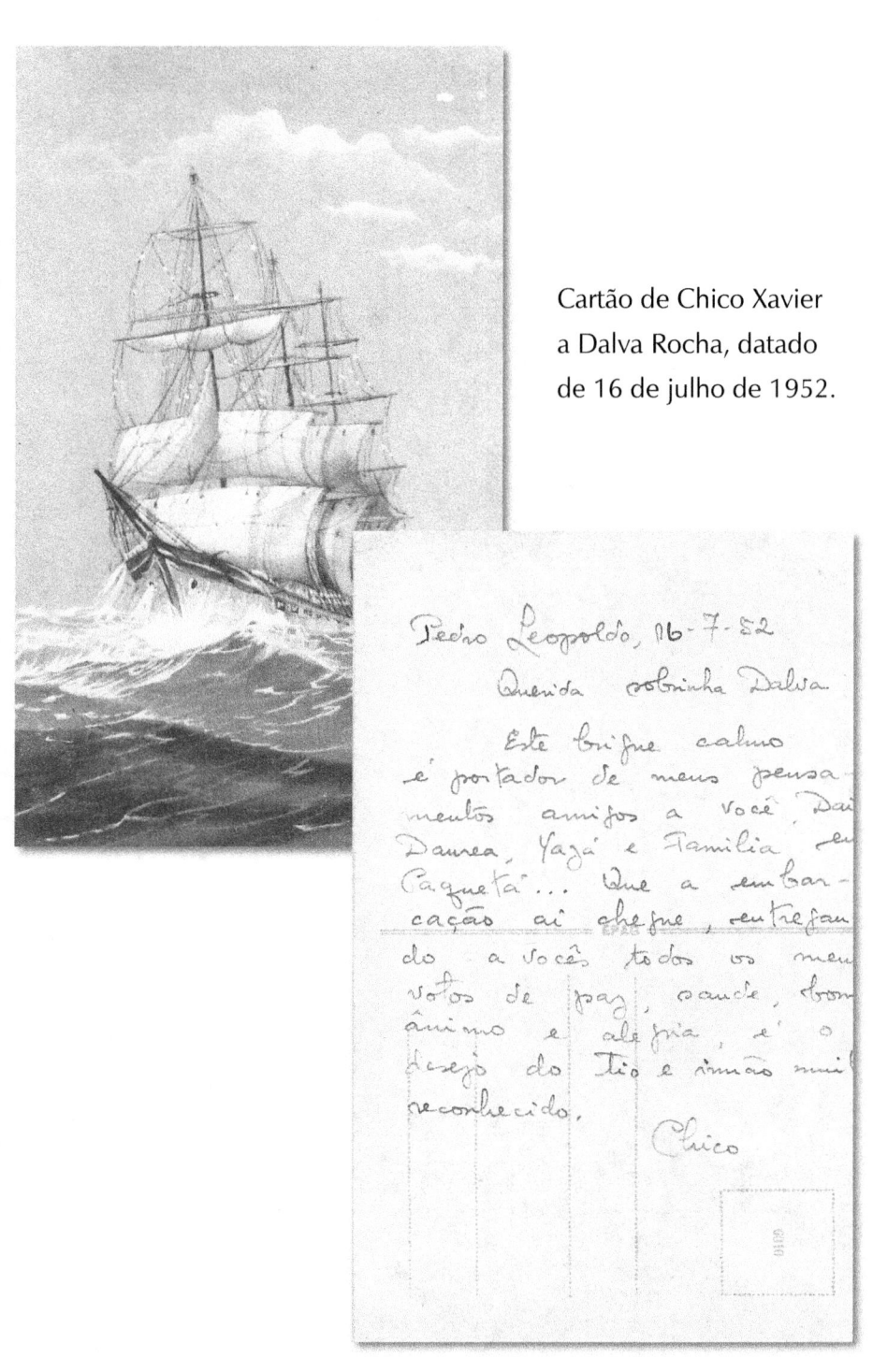

Cartão de Chico Xavier
a Dalva Rocha, datado
de 16 de julho de 1952.

Pedro Leopoldo, 16-7-52

Querida sobrinha Dalva

Este brigue calmo
é portador de meus pensa-
mentos amigos a você, Dau
Daurea, Yayá e Família, em
Paquetá... Que a embar-
cação aí chegue, entregan-
do a vocês todos os meus
votos de paz, saúde, bom
ânimo e alegria, é o
desejo do Tio e irmão mui
reconhecido.

Chico

Cartão de Chico Xavier
ao casal Aderbal e Laura
Lima, datado de 23 de
dezembro de 1954.

Com Todo o Carinho...

Pedro Leopoldo,
23-12-54

Queridos irmãos Aderbal
e Laura

Envio-lhes meus
votos de

FELIZ NATAL

e

ANO NOVO!

Desejando-lhes
muita felicidade, a-
braça-os o irmão re-
conhecido de sempre.

Chico

Chico Xavier com a cunhada Geni Pena Xavier.

Chico Xavier na década de 50.

Chico Xavier com o casal Armando e Dalva Rocha Lucciola em São Bernardo do Campo, São Paulo, quando recebeu o título de cidadão honorário, em 30 de abril de 1972. Abaixo, na Praça da Liberdade, em Belo Horizonte, Minas Gerais, recebendo a medalha da Inconfidência.

Chiquinho Carvalho presenteando a esposa Cidália
com uma rosa nas dependências do Centro Espírita Meimei.

Na página ao lado, em fotografias da década de 70,
Maria Laura e José de Melo Messias,
seu segundo marido,
também na companhia de D. Neném Aluotto,
a esposa de Virgílio Magalhães,
Elza Vieira, Cidália Xavier e Chiquinho Carvalho.

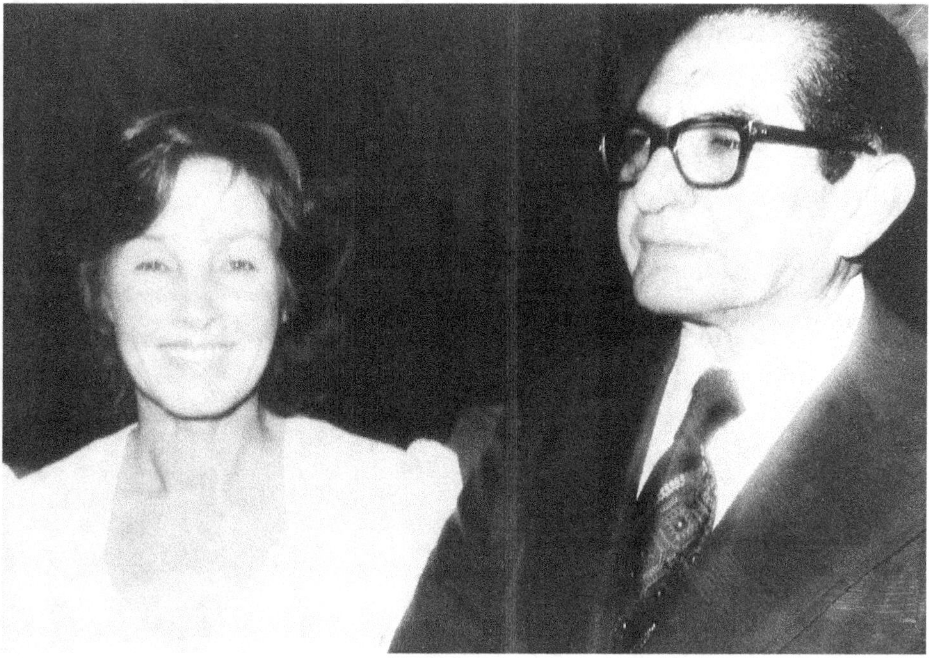

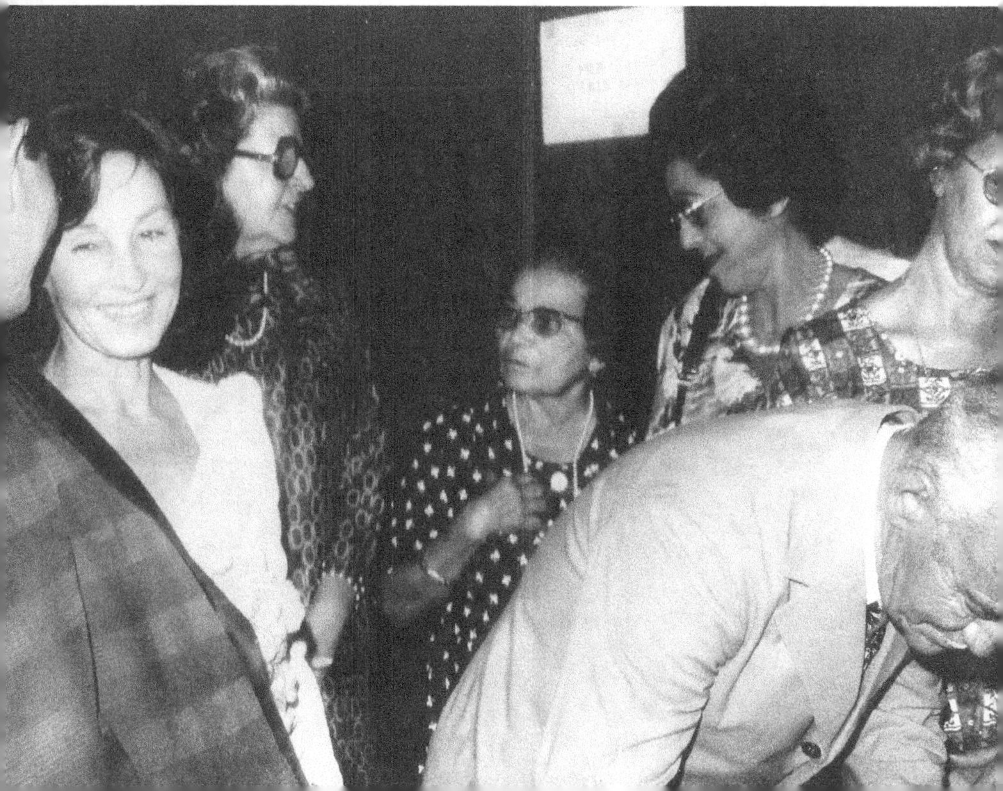

Waldermar Silva (Pachequinho)
e esposa, Lucília Xavier.

Geraldo Benício e Luiza, Eny Fassanelo e Aída Fassanelo Guimarães. Eny Fassanelo é citada por Arnaldo Rocha em seu relato "O convívio com Chico Xavier – Como o conheci", na obra *Mandato de amor*, da organização de Geraldo Lemos Neto (1992, p. 40), como a primeira médium a manifestar o espírito de sua esposa, Irma de Castro Rocha – Meimei. Fotografia datada de 27 de novembro de 1973.

Dedicatória de Chico Xavier no livro *A semente de mostarda*, de sua psicografia, pelo espírito Emmanuel, que foi encaminhado a este organizador pelo médium em 14 de outubro de 1990, quando estava prestes a assumir as atividades diretivas do Centro Espírita Meimei.

[Dedicatória manuscrita por Chico Xavier]

Ao querido amigo e irmão Eugênio Eustásio, com estima e fraternais, Chico Xavier

14/10/90

Decanor Gonçalves, Eloísa Helena, Elza Vieira, Araci Gonçalves,
Eneida Vieira, Maria D'Luz e Cidália Xavier no Meimei.

Lucília Xavier Silva.

Eugênio Eustáquio e Cidália Xavier em
sua residência, na década de 80.

Entrada do Centro Espírita Meimei no ano de 2002.

Geraldo Benício Rocha.

Francisco Gonçalves em 2003.

Da direita para a esquerda, as frequentadoras do Meimei
Geralda, Eneida, Elza, Luzia, Lígia e Irene,
em 10 de dezembro de 2005.

D. Josefa Soares dos Santos,
zeladora do Meimei desde sua
fundação, em 31 de julho de
1952, contemplada com a
Comenda da Paz Chico Xavier,
durante as comemorações do
centenário de nascimento do
médium, em 2010.

Eugênio Eustáquio, presidente do Centro Espírita Meimei,
contemplado com a *Comenda da Paz Chico Xavier*, outorgada ao
Lar Espírita Chiquinho Carvalho em 6 de março de 2009.

Comenda da Paz Chico Xavier

*O Governador do Estado de Minas Gerais, tendo em vista o disposto na Lei nº 13.394, de 7 de dezembro de 1999,
e de acordo com a proposta do Comitê Permanente da Comenda, resolve conferir a Comenda da Paz Chico Xavier*

ao Lar Espírita Chiquinho Carvalho

Uberaba, 6 *de* março *de 2009.*

Governador do Estado de Minas Gerais

Prefeito Municipal de Uberaba
Presidente de Honra do Comitê

Presidente do Comitê

Cidália Xavier de Carvalho e Eugênio Eustáquio dos Santos na solenidade de entrega do título de cidadão honorário a Geraldo Lemos Neto, na Câmara Municipal de Pedro Leopoldo, em 2010.

Entrada do Centro Espírita Meimei em 2010.

Centro Espírita Meimei

o Espírita Chiquinho Carvalho

Geraldo Lemos Neto, Cidália Xavier de Carvalho, Wanda Amorim Joviano e Eugênio Eustáquio dos Santos na Casa de Chico Xavier de Pedro Leopoldo, durante o lançamento do livro *Colheita do bem* (Chico Xavier – Neio Lúcio), em 2010.

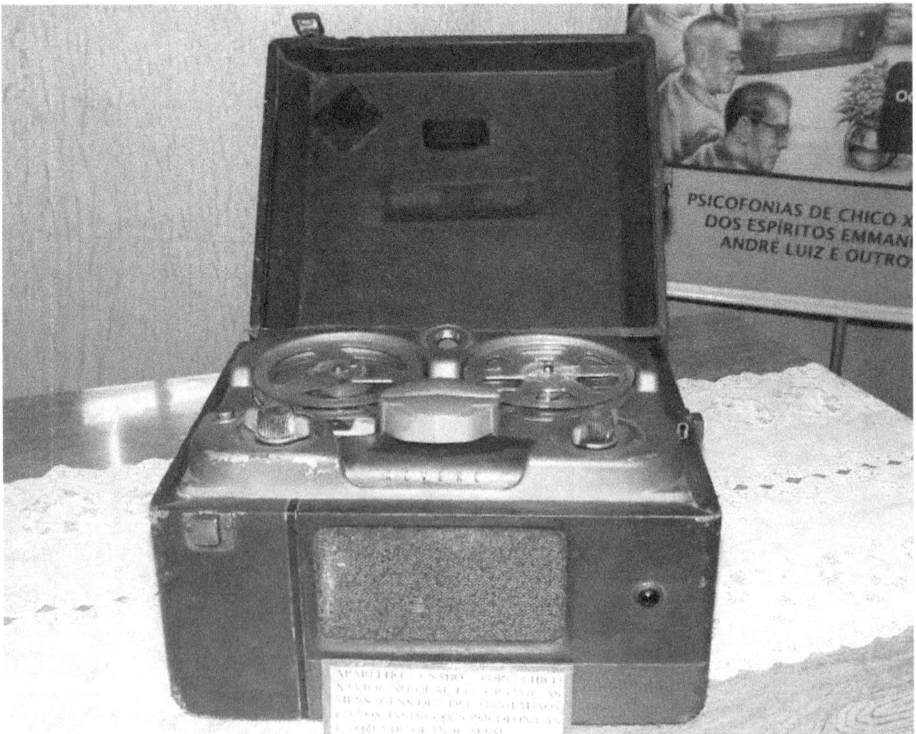

PSICOFONIAS DE CHICO X
DOS ESPÍRITOS EMMAN
ANDRÉ LUIZ E OUTRO

Nestor Masotti, presidente da Federação Espírita Brasileira, em visita ao Meimei, no centenário de nascimento de Chico Xavier, em 2010.

Gravador doado ao Meimei por Carlos Juliano Torres Pastorino, instrumento que documentou as comunicações psicofônicas de Chico Xavier, posteriormente publicadas nos livros *Instruções psicofônicas* e *Vozes do Grande Além*. Na foto abaixo, as primeiras edições da FEB.

Mary Rose e Cidália Xavier de Carvalho durante a comemoração do aniversário do organizador em sua residência em Pedro Leopoldo, no ano de 2012.

Eugênio Eustáquio e o presidente da União Espírita Mineira, Henrique Kemper Borges, recebendo os visitantes do Conselho Federativo Espírita de Minas Gerais (Cofemg) 2013 nas dependências do Centro Espírita Meimei.

Geraldo Leão, memorialista de Pedro Leopoldo, dedica-se a manter viva a história da cidade e de seu filho mais ilustre, Chico Xavier. Com esforço, persistência e constante pesquisa, tem cumulado um acervo valioso, no qual encontramos os escritos que possibilitaram a edição desta obra. A ele o nosso agradecimento pelo desprendimento, pela atenção para com todos nós do movimento espírita, e por ter sido o portador da grande alegria de nos possibilitar a organização destes "registros imortais".

Eugênio Eustáquio entre Laura e Valéria Lima, no dia 5 de setembro de 2013, em Belo Horizonte. Na foto, à esquerda, Aline Santos, frequentadora do Centro Espírita Meimei, componente do Grupo Libertas de Pedro Leopoldo, grupo que divulga a música no movimento espírita.

Entrada principal do Lar Espírita Chiquinho Carvalho, à Rua Pedro Antônio Pereira, 305, Centro. Atende em torno de 100 crianças em regime de semi-internato, em parceria com a Prefeitura Municipal de Pedro Leopoldo.

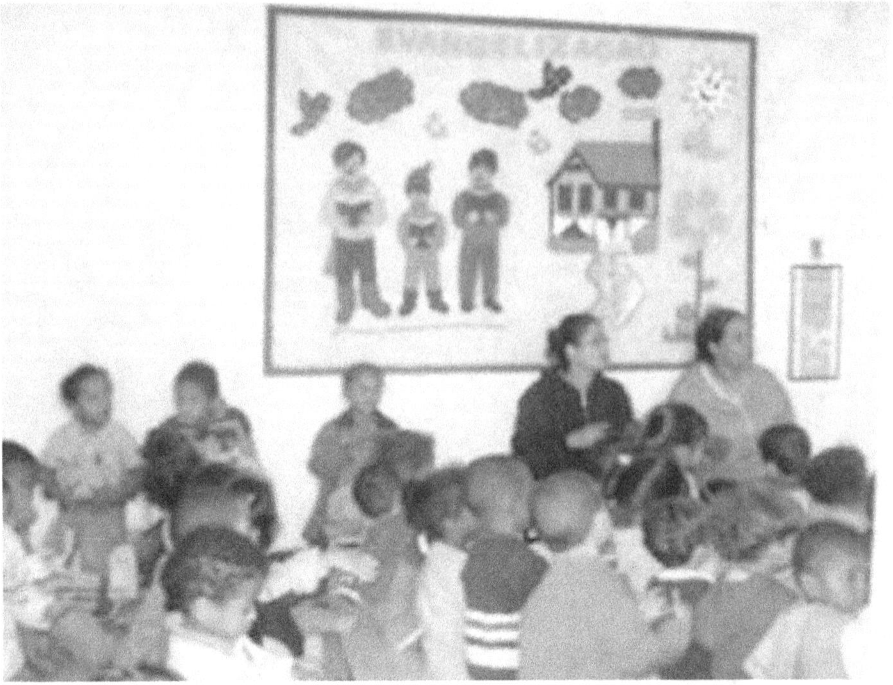

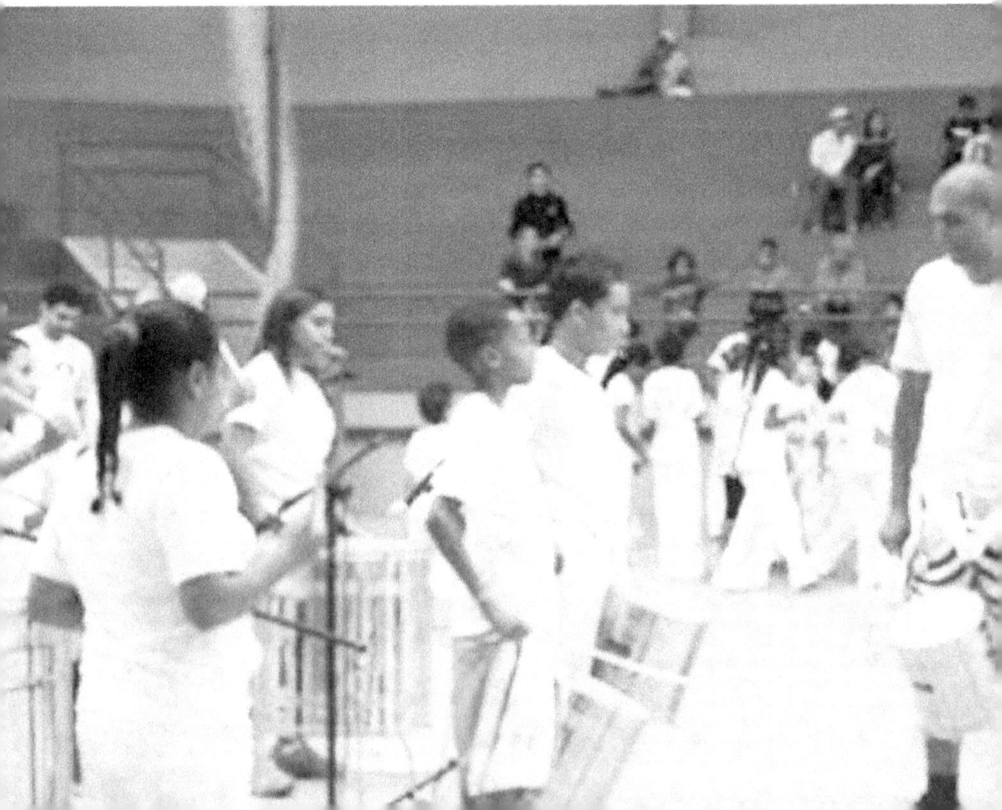

O Lar Espírita Chiquinho Carvalho promove a evangelização infantil, a distribuição de cestas básicas, o Projeto Percussão, além de realizar palestras públicas de caráter doutrinário.

LEIA TAMBÉM

SEMENTEIRA DE LUZ

Voltando à Terra no século XIX, Neio Lúcio encarna a personalidade de Arthur Joviano, cujo núcleo familiar, em missão redentora de um passado longínquo, conta com as presenças de personagens descritos nos romances *50 anos depois* e *Renúncia*. Desprendido em 1934, Neio Lúcio inicia sua comunicação com a família, através da mediunidade de Chico Xavier, em reuniões semanais de culto evangélico na casa de Rômulo Joviano, em Pedro Leopoldo | MG. As mensagens, repletas de sabedoria e amor extremado por todos aqueles com os quais conviveu, são bem a confirmação dos compromissos reparadores que assumimos na Espiritualidade, alicerçados nos ensinamentos de Jesus para nos tornarmos legítimos semeadores da Boa Nova.

PELO ESPÍRITO NEIO LÚCIO
PSICOGRAFIA DE FRANCISCO CÂNDIDO XAVIER
ORGANIZAÇÃO DE WANDA AMORIM JOVIANO

DEUS CONOSCO

DEUS CONOSCO é o livro que dá sequência às revelações espirituais inéditas da psicografia de Francisco Cândido Xavier, trazidas a lume pela prestimosa organização de Wanda Amorim Joviano, com a colaboração de Geraldo Lemos Neto. As mensagens, recebidas em sua maioria no culto doméstico do Evangelho no lar da família Joviano, nas décadas de 30 a 50, na Fazenda Modelo, em Pedro Leopoldo | MG, são de autoria de Emmanuel, o espírito responsável pela materialização da extensa bibliografia que tanto esclarecimento e consolação verteram da Vida Maior para a face da Terra, através das abnegadas mãos de Chico Xavier. DEUS CONOSCO nos traz de volta ao convívio os memoráveis discípulos do Cristo, ligados desde priscas eras, cuja missão foi a da revivescência do Cristianismo puro e simples dos tempos apostólicos, no coração humilde e generoso das terras pacíficas do Brasil.

PELO ESPÍRITO EMMANUEL
PSICOGRAFIA DE FRANCISCO CÂNDIDO XAVIER
ORGANIZAÇÃO DE WANDA AMORIM JOVIANO E GERALDO LEMOS NETO

MILITARES NO ALÉM

Dentre os tesouros guardados por Wanda Amorim Joviano, MILITARES NO ALÉM, da lavra de Chico Xavier nos anos de 36 a 52, no mínimo surpreende pela atualidade das mensagens em torno da paz que a humanidade do século XXI tanto anseia. Fruto da sua ingente dedicação no desdobre das tarefas mediúnicas no culto do lar realizado durante muitos anos pelo *Grupo Doméstico Arthur Joviano*, na Fazenda Modelo, em Pedro Leopoldo | MG, esse livro relata, na perspectiva espiritual de muitos servidores da pátria, a realidade consoladora do *outro lado*, onde o trabalho pelo bem não cessa e a esperança é sentimento que inspira a vitória do amor preconizado por Jesus.

ESPÍRITOS DIVERSOS
PSICOGRAFIA DE FRANCISCO CÂNDIDO XAVIER
ORGANIZAÇÃO DE WANDA AMORIM JOVIANO

PÉROLAS DE SABEDORIA

Compulsados dos livros *Sementeira de luz* e *Deus conosco*, ambos organizados por Wanda Amorim Joviano, as frases e os textos apresentados no livro PÉROLAS DE SABEDORIA foram coletados e reunidos por Braz José Marques com o propósito de engrandecer o aprendizado de todos nós nos estudos evangélicos do dia a dia. As pérolas da Espiritualidade — aqui incrustadas na condição de joias valiosas — são fundamentais para o esclarecimento daqueles que delas se valerem, expositores ou não da Doutrina Espírita.

PELOS ESPÍRITOS EMMANUEL E NEIO LÚCIO
PSICOGRAFIA DE FRANCISCO CÂNDIDO XAVIER
ORGANIZAÇÃO DE BRAZ JOSÉ MARQUES

ILUMINURAS

ILUMINURAS é a primeira publicação de bolso da Vinha de Luz Editora. É composta de pensamentos e frases extraídos do livro *Deus conosco*, do venerável espírito Emmanuel, psicografado por Francisco Cândido Xavier nas décadas de 30 a 50, durante o culto cristão no lar do Dr. Rômulo Joviano, na Fazenda Modelo, em Pedro Leopoldo | MG. A riqueza dos ensinamentos evangélicos apresentados na obra fala por si só e atesta o amparo de nosso Senhor Jesus Cristo à divulgação da Doutrina Espírita, codificada pelo apóstolo Allan Kardec.

PELO ESPÍRITO EMMANUEL
PSICOGRAFIA DE FRANCISCO CÂNDIDO XAVIER
ORGANIZAÇÃO DE CEZAR CARNEIRO DE SOUZA

SEMENTEIRA DE PAZ

Volume que dá sequência ao roteiro de revelações espirituais do espírito de Neio Lúcio, que em última romagem terrena envergou a personalidade de Arthur Joviano, pai de Dr. Rômulo Joviano, diretor da Fazenda Modelo em Pedro Leopoldo | MG, onde Chico Xavier trabalhou por largos anos. As mensagens nele contidas surgiram espontaneamente pela psicografia de Chico Xavier a partir de 1935, na residência da família Joviano, na própria Fazenda Modelo, durante o culto do Evangelho no lar do *Grupo Doméstico Arthur Joviano*, a que Chico prazerosamente se dirigia depois de findos os seus trabalhos diuturnos, dando a *Deus o que é de Deus* após dar a *César o que é de César*. Recebidas por Chico Xavier de 1946 a 1948, as mensagens de Neio Lúcio foram batizadas de SEMENTEIRA DE PAZ, sendo esse novo livro, organizado por Wanda Joviano, dedicado ao centenário de nascimento de Chico Xavier (1910-2010), *o medianeiro do amor*.

PELO ESPÍRITO NEIO LÚCIO
PSICOGRAFIA DE FRANCISCO CÂNDIDO XAVIER
ORGANIZAÇÃO DE WANDA AMORIM JOVIANO

COLHEITA DO BEM

A autoria desse livro pertence ao professor Arthur Joviano, o estimado benfeitor espiritual que todos nós conhecemos com o nome de Neio Lúcio, personagem do romance *50 anos depois*, de quem recebemos valiosos ensinamentos dirigidos ao espírito imortal que vai vencer a morte e transpor os séculos. Chico Xavier psicografou as mensagens do livro durante o culto do Evangelho no lar da família Joviano, na Fazenda Modelo em Pedro Leopoldo, onde trabalhava. No *Colheita do bem* estão as páginas recebidas nos anos de 1949 a 1952, sendo, portanto, as últimas psicografadas na Fazenda Modelo, uma vez que em 1952 a família Joviano transferiu definitivamente sua residência para a cidade do Rio de Janeiro. *Colheita do bem* finaliza a série iniciada com o livro *Sementeira de luz*, seguido pelo *Sementeira de paz* — formando uma verdadeira trilogia da luz, da paz e do bem maior, que a todos nos une no carreiro da evolução espiritual para Deus.

PELO ESPÍRITO NEIO LÚCIO
PSICOGRAFIA DE FRANCISCO CÂNDIDO XAVIER
ORGANIZAÇÃO DE WANDA AMORIM JOVIANO

LUZ NA ESCOLA —
CHICO XAVIER NA ESCOLA JESUS CRISTO DE CAMPOS | RJ

Esse é um livro de Francisco Cândido Xavier, com mensagens psicografadas por ele durante visita de quatro dias à Escola Jesus Cristo, em Campos | RJ, em 1940. Contém comentários de seu organizador, Clóvis Tavares, testemunha ocular de todos os fenômenos ali ocorridos. Os textos desse volume representam uma reedição da sua primeira, pequena, única e esgotada edição, feita também em 1940, publicação de caráter doméstico da Escola Jesus Cristo, agora reeditada pela Vinha de Luz, que desempenha hoje um papel ímpar no resgate histórico da produção mediúnica de Chico Xavier.

ESPÍRITOS DIVERSOS
PSICOGRAFIA DE FRANCISCO CÂNDIDO XAVIER
ORGANIZAÇÃO DE CLÓVIS TAVARES E FLÁVIO MUSSA TAVARES

CHICO XAVIER — O PRIMEIRO LIVRO

Vinte anos antes de sua desencarnação, Chico Xavier revelou que sempre guardou no íntimo o desejo de publicar as belas produções mediúnicas que os amigos espirituais escreviam por seu intermédio, nos idos dos anos 20. Curiosamente, Chico confeccionava, com suas próprias mãos e com grande esforço, alguns exemplares com a finalidade de despertar os amigos para a possibilidade de um livro. Face à pobreza material com a qual vivia, ao médium restava a esperança de que algum desses amigos se interessasse pelo tema e, talvez, movimentasse os recursos necessários para uma publicação. De suas primeiras produções manuais, contendo, inclusive, a sua sensibilidade artística no desenho e na ilustração das mensagens, Chico conseguiu guardar durante toda a sua vida um único exemplar, que ao final de sua existência terrena entregou ao seu sobrinho-neto, Sérgio Luiz Ferreira Gonçalves, que no-lo apresentou para a devida divulgação. Esse é então, de fato e de direito, o primeiro livro de Chico Xavier, que a Vinha de Luz Editora da Casa de Chico Xavier de Pedro Leopoldo trouxe a lume, com a alegria de presentear o amado amigo Chico com a edição de seu *primeiro livro* no ano de 2010, ano de seu centenário de nascimento.

ESPÍRITOS DIVERSOS
PSICOGRAFIA DE FRANCISCO CÂNDIDO XAVIER
ORGANIZAÇÃO DE GERALDO LEMOS NETO E SÉRGIO LUIZ FERREIRA GONÇALVES

VIAJANTES —
A Espiritualidade iluminando sua mente e seu coração através de Chico Xavier

Primeiro audiolivro da Vinha de Luz Editora, esse CD reúne 20 mensagens de espíritos diversos, psicografadas por Chico Xavier ao longo de seus 75 anos de labor mediúnico. Com um sugestivo título-tema e trilha sonora de rara beleza, VIAJANTES, organizado e interpretado por Fernando Peron, é um incentivo ao estudo sério e aprofundado de tão extraordinário patrimônio filosófico, científico e religioso legado a nós pelas mãos operosas e abençoadas de Chico Xavier.

Espíritos Diversos
Psicografia de Francisco Cândido Xavier
Organização e interpretação de Fernando Peron

CHICO XAVIER —
A aurora de uma vida entre o céu e a Terra

As mensagens aqui apresentadas foram psicografadas por Chico Xavier e publicadas no jornal espírita *Aurora*, dirigido por Inácio Bittencourt, entre julho de 1928 e abril de 1933. Nesses primeiros anos, Chico era ainda muito jovem, não sabia quem eram os espíritos que se comunicavam por meio dele, e era praticamente desconhecido fora das terras mineiras. A lucidez do jovem Chico Xavier ao comentar, ele mesmo, alguns trechos doutrinários sobre os postulados espíritas surpreende e seja em verso ou em prosa, sobre os mais variados temas, o leitor encontrará nesse livro preciosas lições de vida, ora nos ensinando a aceitar e a bendizer o sofrimento e as provas diárias, ora nos ensinando a viver uma vida verdadeiramente cristã e espírita, mostrando, por fim, quão breve é a existência terrena perante a eternidade do tempo.

Espíritos Diversos
Psicografia de Francisco Cândido Xavier
Organização de João Marcos Weguelin

LIÇÕES PARA ANGELITA

Quando Chico Xavier tinha apenas 20 anos, dois personagens importantes surgiram para marcar a sua vida: a menina Angelita e sua mãe extremosa. Esse livro contém 20 mensagens repletas de ensinamentos preciosos, repassados de mãe para filha, a partir do dia a dia que ambas vivenciam e também das perguntas que a menina faz sobre os mais diversos temas acerca da existência. São lições para todas as pessoas. A receita segura para a construção do homem de bem – meta que todos nós devemos buscar.

PELO ESPÍRITO JOÃO DE DEUS
PSICOGRAFIA DE FRANCISCO CÂNDIDO XAVIER
ORGANIZAÇÃO DE JOÃO MARCOS WEGUELIN

DEPOIS DA TRAVESSIA

Mais um volume da psicografia inédita de Chico Xavier, por espíritos diversos. A sua primeira parte é originária da fase do médium em Pedro Leopoldo, na Fazenda Modelo, na qual, após o serviço, frequentou o culto do Evangelho no lar do *Grupo Doméstico Arthur Joviano*, levado a efeito, semanalmente, pela família de Dr. Rômulo Joviano. Já a segunda parte é fruto da última fase da psicografia do médium em Uberaba, onde, nas sessões públicas do Grupo Espírita da Prece, recebeu o espírito da irmã, D. Luíza Xavier, em diversas oportunidades, a partir de 13 de julho de 1985. Permeando as comoventes mensagens desses espíritos sobre a própria sobrevivência além-túmulo, há fac-símiles de mensagens de Emmanuel e de Bezerra de Menezes, fotografias e escritos inéditos de Chico Xavier ilustrando as épocas e as personalidades citadas. A obra é, pois, instrutivo volume contendo valiosas informações sobre a vida espiritual depois da travessia dos umbrais da morte do corpo físico, a induzir-nos o espírito distraído no mundo a uma mais ampla reflexão sobre a imortalidade, patenteando-se-nos a real significação das palavras de Jesus, nosso Senhor e Mestre: "A cada um será dado segundo as próprias obras".

ESPÍRITOS DIVERSOS
PSICOGRAFIA DE FRANCISCO CÂNDIDO XAVIER
ORGANIZAÇÃO DE GERALDO LEMOS NETO E WANDA AMORIM JOVIANO

OBRA EDITADA EM PARCERIA COM A DIDIER EDITORA

MILITARES COM JESUS

As lições deste livro são de autoria de respeitáveis espíritos que passaram pela Terra na difícil experiência como militares. Portadores de grandes responsabilidades no dever, na disciplina, sobretudo integrados na justiça, propugnam, com amor, pela paz e pela felicidade dos povos, e do Brasil como pátria do Evangelho de nosso Senhor Jesus Cristo. São fragmentos extraídos do livro *Militares no Além*, psicografado por Francisco Cândido Xavier no período de 1936 a 1952 em Pedro Leopoldo, Minas Gerais, selecionados e organizados no presente volume como valiosos ensinamentos dos benfeitores da Vida Maior.

POR ESPÍRITOS DIVERSOS
PSICOGRAFIA DE FRANCISCO CÂNDIDO XAVIER
ORGANIZAÇÃO DE CEZAR CARNEIRO DE SOUZA

CHIQUITO

CHIQUITO, da autora portuguesa Julieta Marques, conta um pouco da vida de Chico Xavier em linguagem acessível e direta, num convite ao amor, à humildade e à disciplina exemplificados pelo *médium do século*. Totalmente ilustrado, CHIQUITO é o segundo título da Vinha de Luz Editora voltado à evangelização infantil, que atende, sem dúvida alguma, às *crianças de todas as idades*.

JULIETA MARQUES

O VOO DA GARÇA —
CHICO XAVIER EM PEDRO LEOPOLDO | 1910-1959

Esse trabalho histórico, do pesquisador pedroleopoldense Jhon Harley, que conviveu por 21 anos com Chico Xavier, é mais uma contribuição para compreender a figura humana do médium mineiro. Utilizando instrumentos e orientações do campo da História, principalmente no que diz respeito ao uso e à interpretação das fontes orais, escritas e iconográficas disponíveis, o autor transitou entre o acadêmico e o poético, fazendo uma analogia entre uma revoada de garças, ocorrida em 2 de abril de 1910, e a permanência de uma delas entre nós.

JHON HARLEY

CHICO XAVIER —
O MÉDIUM DOS PÉS DESCALÇOS

Chico Xavier foi, durante toda a sua vida, a personificação do bem, do amor ao próximo e da humildade. Nesse livro, Carlos Baccelli relata casos pessoais em torno do médium mineiro e registra, por meio de cartas que agora torna públicas, sua amizade estreita com o maior representante do Espiritismo no Brasil e no mundo. O autor nos coloca em contato muito próximo com Chico Xavier. É como se estivéssemos frente à frente com ele, numa conversa intimista, repleta de ensinamentos. É quase uma conversa ao pé do ouvido — em que podemos sentir de novo, e mais uma vez, a sua insubstituível presença.

CARLOS ANTÔNIO BACCELLI

CHICO XAVIER COM VOCÊ

Chico, mais que médium, era sábio. Em seus lábios, tanto ecoavam lições dos espíritos amigos quanto ensinamentos de sua própria autoria. Aqui, nessas páginas, garimpando em obras, revistas e periódicos antigos, o autor organizou uma coleção de pérolas que, sem dúvida alguma, não figuram em nenhuma outra coleção do mundo. Por isso, certamente, com esse abençoado livro você estará de posse de um tesouro de valor incalculável. Um tesouro que fará de você uma das pessoas mais ricas entre todos os homens!

CARLOS A. BACCELLI

PEDRO LEOPOLDO VISTA POR
CHICO XAVIER — 1910 | 1959

49 ANOS DA PRESENÇA DO MAIOR MÉDIUM DE TODOS OS TEMPOS

O que o menino, o jovem e o adulto Chico Xavier vislumbrou em seus primeiros anos de experiências humanas e durante o desabrochar de suas faculdades mediúnicas a serviço do Cristo e da Doutrina dos Espíritos? O que teria o seu cândido olhar registrado pela retina da convivência e da saudade? Esse livro reúne extenso material inédito sobre o maior médium de todos os tempos, com fotografias e documentos recuperados, classificados e arquivados pelo memorialista pedroleopoldense Geraldo Leão, do Arquivo Geraldo Leão, e por Geraldo Lemos Neto, da Casa de Chico Xavier, que retratam principalmente o ambiente socioeconômico e cultural de Pedro Leopoldo dentro do período em que Chico Xavier lá residiu, desde o berço, em 1910, até a sua mudança definitiva para Uberaba, em 1959.

GERALDO LEÃO E GERALDO LEMOS NETO

CÉLIA LUCIUS, SANTA MARINA —
SEMELHANÇAS ENTRE AS BIOGRAFIAS CATÓLICAS E O ROMANCE
50 ANOS DEPOIS DE FRANCISCO CÂNDIDO XAVIER E EMMANUEL

CÉLIA LUCIUS, SANTA MARINA é a revivescência da vida daquela que Chico Xavier | Emmanuel descreveram no romance *50 anos depois* como "*o lírio que nasceu do lodo das paixões do mundo para perfumar a noite da vida terrestre*" e que a igreja católica canonizou no século V. Aqui, por meio do minucioso e irrefutável estudo biográfico realizado por Flávio Mussa Tavares, filho do saudoso Clóvis Tavares, de Campos | RJ, o leitor se deparará com diversos relatos sobre Célia, confirmando a veracidade da narrativa do médium mineiro nos idos dos anos 40, tal qual previra Emmanuel no prefácio da obra referenciada. Para os espíritas, a consolidação da interexistência de Chico no desdobramento do labor mediúnico a benefício da difusão da Doutrina e sua prática evangelizadora, exemplificando o amor e a humildade legitimamente cristãos. Para os demais, uma reflexão sobre as lutas transitórias da vida física e a realidade além-túmulo — a verdadeira vida de todos nós.

FLÁVIO MUSSA TAVARES

ISABEL —
A MULHER QUE REINOU COM O CORAÇÃO

Dois dias após psicografar as primeiras das milhares de páginas através das quais o mundo espiritual se comunicou por seu intermédio, Chico Xavier manteve um revelador encontro com uma ilustre senhora que lhe mudaria o curso de vida. Era D. Isabel de Aragão, mais conhecida como Rainha Santa Isabel, a célebre rainha de Portugal, para sempre associada ao milagre da transformação do pão em rosas. Embora em circunstâncias e contextos distintos, ambos experimentaram o poder, a riqueza, a fama e a adoração, contudo, optaram por viver uma intensa vida interior feita de humildade, perdão, tolerância, paciência, compaixão e caridade como expressões do amor. Esse trabalho avança para além da vida de Isabel de Aragão, apresentando outras duas figuras históricas: Santa Isabel da Hungria e Isabel de Portugal, duquesa da Borgonha. Colocadas as narrativas das vidas das três personagens lado a lado, emergem repetições e similitudes, nas quais encontramos a essência da reencarnação. Obviamente, caberá a cada leitor fazer o seu juízo de valor perante os fatos, porém, no conjunto das três, verificamos como uma personalidade se desenvolve e se amplia nas ações meritórias, exemplificando-se o progresso próprio e incessante pela condição moral que apresenta, pois sendo as almas iguais pela filiação são diferentes pela consciência espiritual que revelam. Segundo testificou o próprio Chico sobre D. Isabel de Aragão, "*ela é um dos gênios espirituais protetores da raça luso-brasileira em diversas partes do mundo para que os povos luso-brasileiros conservem a fraternidade cristã que Jesus nos legou*" (Adelino da Silveira, *Chico, de Francisco*, CEU).

MARIA JOSÉ CUNHA

ERA UMA VEZ PARA SEMPRE

Voltado à evangelização infanto-juvenil, esse livro é um compêndio de mensagens de graciosa narrativa, que enfeixa os ensinamentos do Cristo sob a ótica do Espiritismo, correlacionados a diversos assuntos de ordem espiritual e humana. Suas personagens principais — crianças sedentas de amor e de conhecimento — encantam pela perseverança no bem, sempre amparadas pela nobre e sábia Vovó Angel, que, como o próprio nome já diz, é um anjo do Senhor em suas vidas de aprendizado rumo à luz.

PELO ESPÍRITO BLANDINA
PSICOGRAFIA DE CARLOS MALAB

EVANGELHO PURO, PURO EVANGELHO —
NA DIREÇÃO DO INFINITO

Seguidor inconteste da Boa Nova do Cristo, e espírita em sua mais pura essência filosófica, Martins Peralva deixou para os estudiosos da Doutrina textos de iluminada sabedoria e reflexão, que foram reunidos no livro *Evangelho puro, puro Evangelho — Na direção do Infinito*, organizado por Basílio Peralva, e que a Vinha de Luz Editora trouxe a lume numa homenagem ao centenário de nascimento do *médium do século*, Francisco Cândido Xavier (1910|2010). A obra, que congrega artigos publicados na imprensa de 1945 a 1999, é indispensável ao homem de boa vontade, abordando temas imprescindíveis a todos os corações que jornadeiam rumo ao progresso espiritual.

MARTINS PERALVA
ORGANIZAÇÃO DE BASÍLIO PERALVA

RÉSTIA DE LUZ

Primeiro livro editado pela Vinha de Luz Editora, lançado por ocasião do bicentenário de Allan Kardec (1804│2004) e dos 140 anos da primeira edição de *O Evangelho Segundo o Espiritismo* (1864│2004). Traz mensagens recebidas de espíritos diversos, psicografadas pelo médium Geraldo Lemos Neto, que interpretam as lições de *O Evangelho Segundo o Espiritismo*, nos indicando os caminhos mais certos da vida no permanente convite de nosso Mestre e Senhor Jesus.

ESPÍRITOS DIVERSOS
PSICOGRAFIA DE GERALDO LEMOS NETO

IGNÁCIO DE ANTIOQUIA

Uma viagem ao tempo da simplicidade e da pureza do Cristianismo, em sua mais bela e genuína expressão. Obra mediúnica repleta de episódios históricos do Cristianismo primitivo, que resgata para a memória da humanidade a vida e a trajetória de um dos seguidores mais valorosos de nosso Senhor Jesus Cristo.

PELO ESPÍRITO THEOPHORUS
PSICOGRAFIA DE GERALDO LEMOS NETO

Departamento Editorial da Casa de Chico Xavier
Av. Álvares Cabral, 1777 — 20º andar — Sala 2006
Santo Agostinho | 30170-001 | Belo Horizonte | MG
(31) 2531-3200 | 2531-3300 | 3517-1573

www.vinhadeluz.com.br
informacoes@vinhadeluz.com.br

www.casadechicoxavier.com.br
informacoes@casadechicoxavier.com.br

Este livro foi composto em tipologia Zapf Humanist, corpo 11, predominantemente.
Capa impressa em papel Supremo 250g e miolo impresso em Pólen Soft 80g.
Lis Gráfica e Editora Ltda. | Guarulhos | São Paulo